AF493506

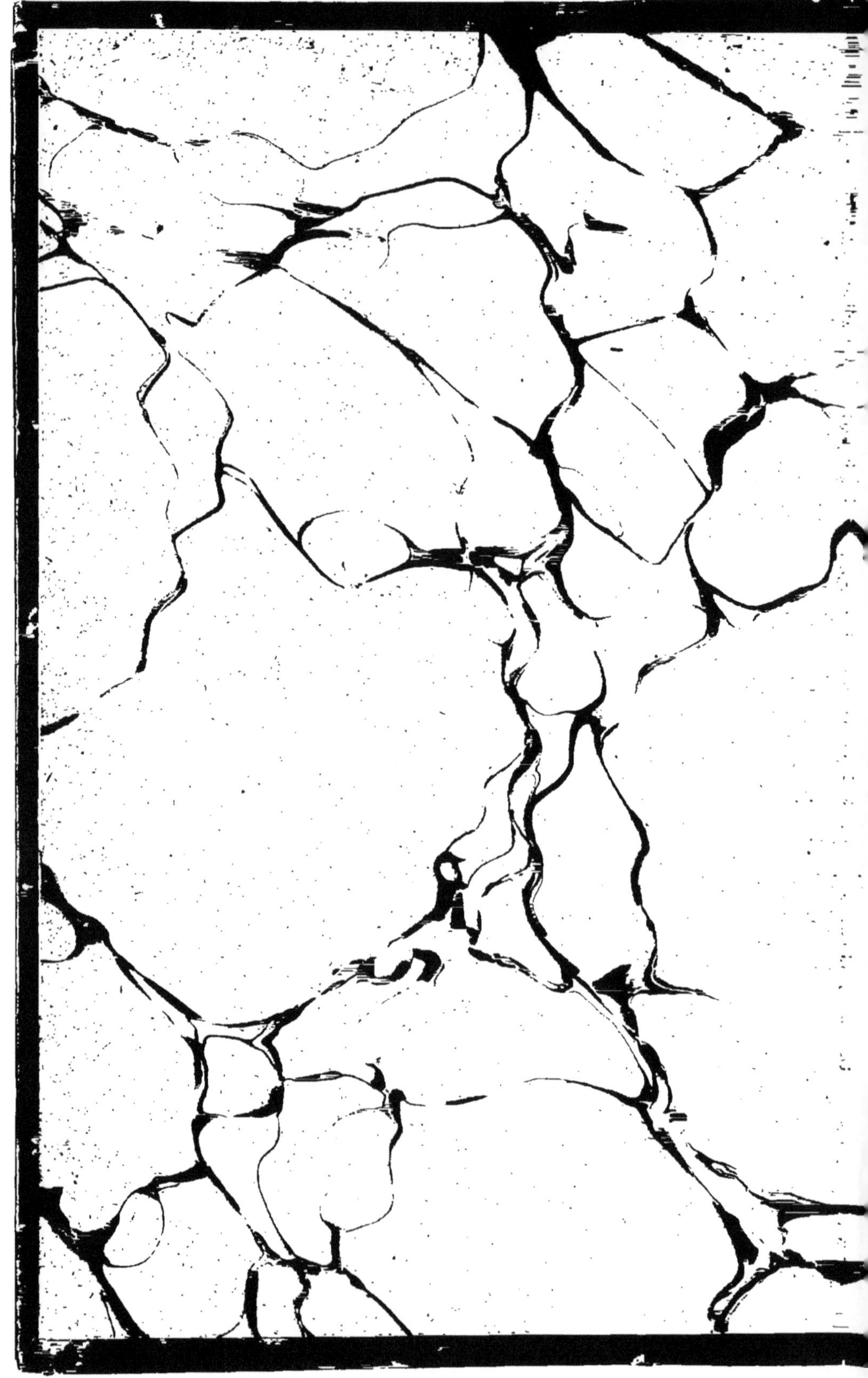

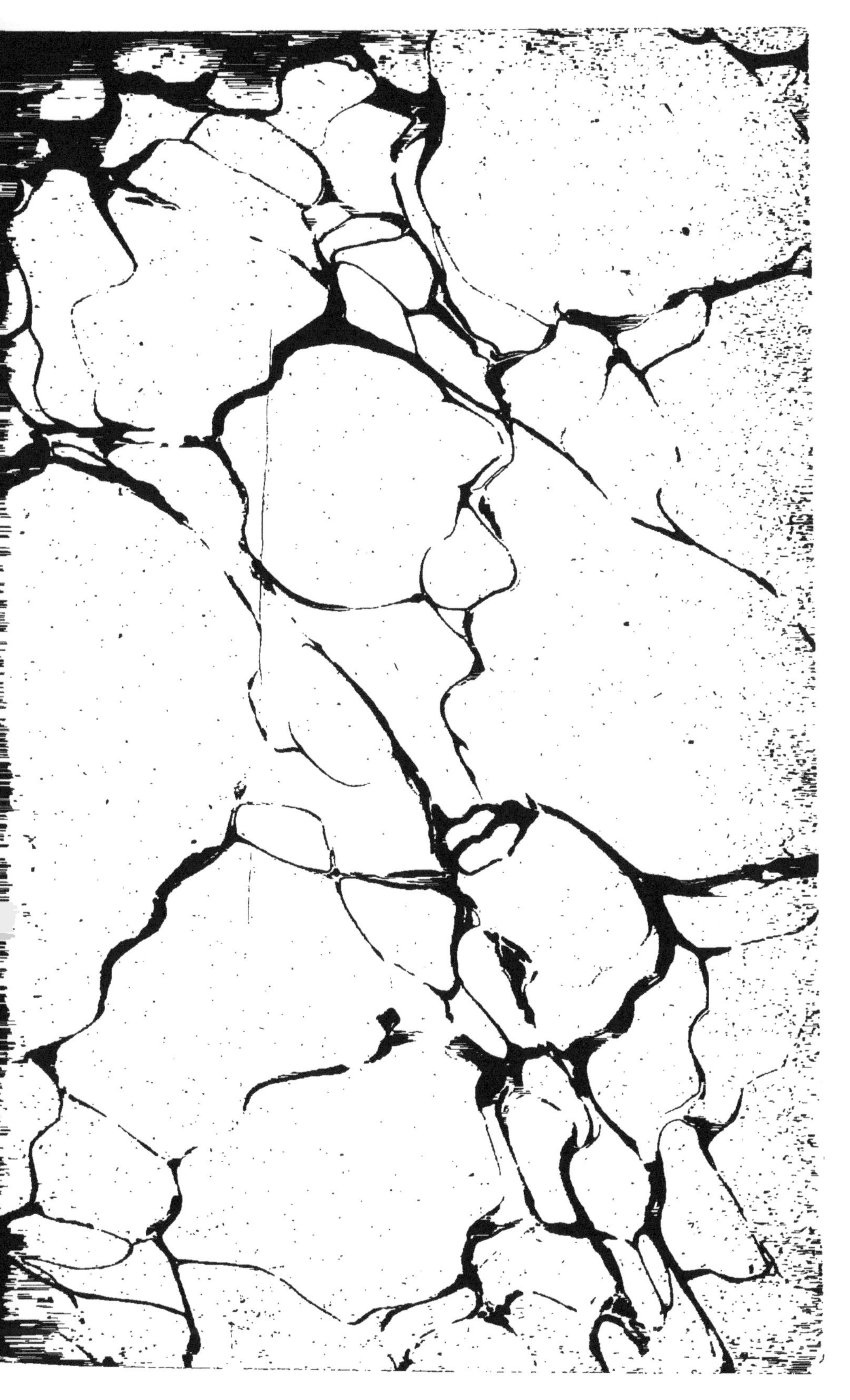

LA

TUNISIE FRANÇAISE

LA

TUNISIE FRANÇAISE

PAR

LUDOVIC DE CAMPOU

C. B.

PARIS
CHARLES BAYLE, ÉDITEUR

1887

DU MÊME AUTEUR :

Un Empire qui croule (le Maroc contemporain)

Un volume in-18 : 3 fr. 50 broché. — 1886.

PRÉFACE

En partant pour l'Afrique, un savant me demanda des fossiles; un autre plus aimable, des fleurs; un ami, des vieux meubles.

Seule, la sœur de ma mère, Madame de Blowitz, femme d'esprit et de cœur, qui goûte vivement les correspondances de son mari et qui aime La Bruyère, me demanda des portraits.

J'ai suivi le conseil de ma tante. J'ai laissé aux rochers leurs fossiles, aux prairies leur parure, aux marchands leurs bibelots, et je me suis attaché dans mon long séjour en Tunisie à peindre avec exactitude, sinon avec talent, quelques figures françaises intéressantes, quelques types indigènes curieux à esquisser, quelques silhouettes de villes et de fermes.

Ces tableaux et ces esquisses forment ce livre.

Dans un premier ouvrage, j'ai signalé l'écroulement d'un puissant Empire, le Maroc, du fait d'un Gouvernement corrompu.

Dans cette nouvelle étude, je constate le relèvement d'un autre grand État africain, la Tunisie, sous l'action civilisatrice de la France.

Paris, 20 mai 1887.

TUNISIE FRANÇAISE

I

LE GOLFE DE CARTHAGE

Souvenirs romains et chrétiens. — Saint-Louis et Saint-Vincent-de-Paule. — L'Amiral général Si Sferaoui.

Après avoir franchi le cap de Sidi Bou Saïd, le navire pénètre dans la rade de la Goulette, au cœur de l'ancien golfe de Carthage.

On se trouve en présence d'un splendide panorama. Sur les bords de cette mer immense et paisible, s'élèvent en amphithéâtre: les coteaux de Gorbès, les montagnes hardiment découpées de l'Hammam, l'Enf, les cimes altières du Bou Kernein et du Djebel Ressas, avec leurs teintes sombres et enchanteresses; le lac bleu de El Bahira au fond duquel se détachent les blanches murailles de Tunis; les bastions de La Goulette et les citernes de Carthage, au milieu des jardins verdoyants des palais musulmans.

Si l'œil du voyageur est vivement frappé par les beautés incomparables du Golfe, combien son esprit est-il encore plus vivêment impressionné par les souvenirs qu'il rappelle !

Là s'étendait la Carthage punique qui, avec ses 700,000 habitants, ses Suffètes, sa marine et sa puissance, a balancé un moment la fortune de Rome. Dans son vieux *cothon*, port aujourd'hui ensablé, Hannon s'était embarqué six siècles avant notre ère et avait, dans son immortel périple, tourné la Mauritanie Tingitane * et atteint la Guinée ; Régulus, victime de la foi jurée, y avait abordé pour recevoir la mort ; Annibal en était parti pour conquérir l'Italie.

Les fastes de la Métropole Chrétienne ne sont pas moins éclatants. C'est à Carthage que Saint-Augustin enseigna la rhétorique, que tonna Tertullien, que fut martyrisé son illustre évêque Saint-Cyprien. A Carthage, siége du Primat d'Afrique, se tint un concile des 700 évêques africains.

Carthage aujourd'hui française rappelle à la France l'histoire de ses glorieux enfants : Saint-Louis, mort de son dévouement héroïque sur un lit de cendres, à l'endroit même où la fable a placé le bûcher de Didon ; Saint-Vincent-de-Paule qui, deux années captif volontaire en Tunisie,

* Le Maroc.

devait, par sa charité, toucher le cœur des Musulmans.

La Cité punique démantelée et abandonnée pendant des siècles présente néanmoins des restes intéressants de son antique splendeur : de grandes citernes, des vestiges de temples, des colonnes, des inscriptions relevées et étudiées par nos savants.

A proximité des ruines de Carthage, au pied de la colline Saint-Louis, s'étend près de la mer la ville de La Goulette, qui sert aujourd'hui de port à la grande cité de Tunis. Un chemin de fer, qui tourne le lac El Bahira, relie les deux villes distantes de quatre lieues.

En débarquant à La Goulette, un an avant l'occupation française, je vis tout d'abord, errant dans les rues, un forçat qui traînait ses chaînes avec orgueil, c'était le plus ancien galérien de la Régence ; on l'avait surnommé le doyen du bagne.

Puis un moulin à vent, qui ne marchait pas, malgré la brise.

Enfin Si Sferaoui, haut fonctionnaire tunisien. On l'appelait à La Goulette : Amiral. Je demandai à Si Sferaoui où étaient ses bâtiments : « A la campagne, » me répondit-il finement.

Je revis Si Sferaoui quelque temps après dans l'intérieur du pays, on l'appelait alors : Général. Je le questionnai sur ses soldats. — Ses soldats étaient dans leurs foyers. —

La Tunisie d'avant le Protectorat est dans ce tableau : une machine sans mécanicien, un galérien vaniteux, un Amiral-Général sans flotte et sans soldats.

II

TUNIS

La Ville Arabe. — Collège Sadiki. — Le Meskin ou pauvre de Tunis. — Abd El Selem ou le riche citadin. — Caractère du Tunisien. — Mœurs et Coutumes : Noms et prénoms. — Religion. — Le Carême Musulman. — La Loi de la Cheffaa et sa main. — Le Maltais. — Le Sicilien. — Le Juif. — La ville Française.

Tunis la blanche, Tunis la sainte, type encore intact de la ville arabe du Moyen-Age.

Elle s'étend sur le penchant doux d'une colline dont la tête est couronnée par la *Kasbah* *. Elle montre ses remparts édi-

* Forteresse.

fiés par les esclaves, ses fortifications qui remontent à Charles-Quint. Elle sort de son manteau blanc ses minarets bruns, élancés, fins et gracieux. Elle a ses labyrinthes inextricables, ses bazars séparés, ses palais mystérieux.

On pénètre dans la cité musulmane par la rue Sidi Morgiani. Sur les côtés de cette rue, quelques boutiques de marchands européens, la petite église des Franciscains italiens; en haut, le collége Sadiki.

Ce collége fondé par le général Kheir-Eddine pour le développement de l'instruction chez les Tunisiens, est aujourd'hui sous la haute et habile direction d'un Français, arabisant distingué, M. Machuel. Un savant modeste, excellent professeur de mathématiques, M. Eymon, me le fit visiter en détail. Les élèves sont tous musulmans, l'instruction y est donnée gratuitement; Kheir-Eddine ayant eu le soin d'affecter à l'entretien du collége les revenus de plusieurs biens religieux.

Tous les Arabes y apprennent la langue française, qu'ils parlent avec beaucoup d'élégance, l'histoire de la France et de la Régence, la géographie, le Coran et les sciences exactes. C'est dans ce dernier genre d'études qu'ils excellent, et plusieurs d'entre eux continuent leur éducation scientifique pour arriver aux Écoles de Paris.

D'ailleurs, riche ou pauvre, qu'il ait passé ou non par l'école, le Tunisien est calculateur. J'ai entendu souvent les *meskins** de Tunis récapituler dans la soirée les principaux chefs de dépense de leur journée : deux sous d'huile, quatre de pain ou l'inverse suivant leurs besoins.

Le *meskin* de Tunis est *hamel***,

* Pauvres.

** Portefaix.

homme de peine, manœuvre; il gagne sa vie comme il peut. Il est sobre : un verre d'eau en se réveillant, un peu de galette d'orge cuite sous la cendre à midi, un peu de couscouss le soir, forment sa nourriture. Il mange de la viande une fois par an pour la fête, du mouton. Les légumes lui sont inconnus. Quand il fait chaud il prend pour une caroube* deux douzaines de figues d'Inde. S'il est gourmet, il achète de l'huile; s'il est gourmand un gâteau. Pour fêter un ami ou lui faire une politesse, il le mène à la maison dorée du *meskin,* « *au loukanda Couscouss* » où on leur sert pour vingt-cinq centimes une grande assiette de couscouss perfectionné, poivré et pimenté.

Le *meskin* dépense peu pour sa nourriture; il ne dépense rien pour son logement et son habillement. En été, il a

* Quatre centimes.

pour tout vêtement une chemise blanche, un pantalon bleu; il dort sur la place publique. En hiver, il se drape dans un burnous grossier et couche dans un hangar sur une natte.

Le *meskin* a une idée fixe. Il aspire à devenir employé à gages (trente ou quarante francs par mois) comme marmiton, chez les européens, comme concierge chez les puissants de l'Islam.

Ses revenus augmentant, le *meskin* devient alors plus exigeant, plus amoureux du confortable; il demande un lit à son maître et, n'en connaissant pas l'usage, il place le traversin sous ses pieds; il achète un poignard, une ceinture de flanelle, un *saindouk*, petite caisse en bois avec gros cadenas pour y serrer ses vêtements de rechange; il arbore le turban, met quelques poivrons de plus dans son couscouss, boit un verre d'huile à chaque repas et fait l'acquisition de *bolé-*

ras, pantoufles jaunes, qu'il a bien soin de porter sous son bras et de ne jamais chausser, de peur de les user.

Les *meskins* sont fréquents à Tunis; les employés y sont plus rares.

Dès la rue Sidi Morgiani commencent les bazars de la ville. Il y a le bazar des étoffes, celui des parfums, celui des armes. Tous les magasins renfermant le même article sont réunis dans un même quartier.

Ces rues étroites, tortueuses, couvertes d'une toiture légère, sont bordées à droite et à gauche d'échoppes microscopiques tenues par les Maures.

Les marchands de Tunis descendent des Andalous; ils sont bien vêtus, doux, gras, efféminés, fort habiles pour la vente. Ils n'ont pas de devanture éclatante et ignorent la réclame; ils se tiennent gravement dans leur boutique, se contentant d'étaler, dans un espace fort étroit, leurs riches tissus et leurs beaux tapis. Les tapis seuls ont du mérite et sont du pays. Les armes de luxe, les cuivres ouvrés, les burnous mêmes, sont souvent de provenance étrangère.

Un de mes amis, fraîchement débarqué, voulut envoyer à sa famille quelques souvenirs de Tunis ; il fit l'acquisition d'une épée, d'un brûle-parfums et d'un burnous. L'épée venait de Beyrouth ; le brûle-parfums de Perse ; le burnous de Lyon.

Cependant le Tunisien est artiste et il a instinctivement le talent de manier les couleurs. Il mélange le rouge, le blanc, le vert, le noir, les nuances les plus vives, les plus tranchées, les plus dissemblables avec un goût très sûr, sans jamais heurter l'œil. On peut constater cette remarquable aptitude dans leurs étoffes, dans leur pavage en mosaïques, dans leur habillement. Il est regrettable que la religion leur défende de figurer l'homme ou les animaux dans leurs dessins, car ils seraient devenus des peintres de mérite. Cette défense a amené chez le Tunisien un engourdissement de l'œil bizarre. Quand on lui montre un tableau, une photographie, il ne reconnaît jamais le sujet, il le regarde en sens contraire, et demande si c'est un lion quand c'est un homme, une femme quand c'est un paysage.

Les habitants du Sud de la Régence, qui ont toujours passé pour hérétiques, enfreignent le Coran et peignent le chameau sur leurs couvertures de laine. Un triangle représente la bosse, deux barres les jambes, un losange la tête, le tout en rouge; un fond de laine blanche signifie les pâturages de l'oasis.

C'est le matin vers les dix heures que règne dans les bazars la plus grande animation; le riche y coudoie le *meskin ;* le campagnard qui arrive de l'intérieur, le teint brûlé, la tête couverte d'un immense chapeau de paille, se rend au marché des selles ; le Marocain de passage va acheter un cierge pour l'apporter, en souvenir de son pèlerinage, sur la tombe d'un saint vénéré ; le citadin se rend au bazar des parfums ; le *dellali**, s'avance annonçant le dernier prix des enchères ; le juif au turban noir**, à la longue barbe négligée, jette un coup d'œil sur les objets de bonne prise. Quelques servantes voilées font les provisions de bouche. A midi, les rues sont vides, les magasins fermés.

Comme au temps de Léon l'Africain, les parfumeurs sont les derniers à fermer boutique ; il se trouve toujours, en effet, quelque mari galant en retard qui désire apporter un flacon d'essence de rose ou de jasmin à la pauvre recluse du logis. Les parfumeurs, plus calmes encore que les autres

* Crieur public.

** Le Juif n'a pas le droit de porter au turban les couleurs du Prophète : le vert qui est consacré aux Shériffs ou descendants de Mahomet, le blanc qui est réservé aux simples Musulmans.

marchands, sont assis gravement au milieu de leurs extraits, la figure pâle, jaune, prenant le ton blafard des cierges qui les encadrent. Si on n'entendait quelques chiffres de piastres sortir par moments de leurs bouches impassibles, on les prendrait facilement pour des momies embaumées. Seuls, l'après-midi, les selliers, les tanneurs et les cordonniers continuent leurs travaux ainsi que les menuisiers.

Les selles de Tunis jouissent d'une grande réputation. Les étriers larges sont souvent en argent massif; le pommeau de la selle en saillie allongée est recouvert, ainsi que le corps de la selle, de riches tapis. Les selliers de Tunis sont de haute lignée et, loin de déroger, en s'occupant de ces travaux manuels, ils y gagnent gloire et profit.

Près des bazars, dans des ruelles courbes et étroites, se trouvent les palais des grands seigneurs tunisiens, les logements des bourgeois et des riches marchands musulmans.

Les rues n'ont pas de nom, les maisons sont privées de numéros. Les indications que l'on vous donne pour y parvenir sont toujours des plus vagues. J'avais à voir Si Abd-Ed-Selem qui habite le cœur de la cité arabe ; je demandai mon chemin aux passants ; ils me répondaient : « Continue dans cette direction, dans quelques minutes tu tourneras à droite, puis à gauche; tu te trouveras en face d'une porte verte où il y a un nègre, c'est la demeure de Si Abd-Ed-Selem. » Après bien des tâtonnements, après avoir frappé à bien des portes vertes et avoir interpellé bien des nègres, je trouvai la maison du personnage.

L'extérieur du palais était sévère; aucune fenêtre sur la rue ; les apparences étaient modestes ; j'ai été agréablement surpris en voyant les beautés de l'intérieur.

L'antichambre, où se tiennent debout les domestiques, donne accès dans une cour où prennent jour les salons et les chambres.

La cour est carrée, elle est pavée en marbre. Les murailles sont recouvertes, jusqu'à la corniche, de carreaux vernissés, ornés de dessins anciens. Sur les côtés, de belles colonnes en marbre blanc supportent des arcades mauresques, grâcieuses et légères. A une extrémité, une fontaine encadrée de pierres en mosaïques.

A droite, l'appartement des femmes ; en face, le logement du chef de famille, composé d'une grande salle, allongée, étroite, dont les murs sont chargés d'arabesques fines et dentelées, et dont le plafond est formé par des solives apparentes peintes à l'arabe.

L'ameublement est simple : quelques divans, des tapis anciens, de petites glaces qui ornent le tour de la pièce, plusieurs pendules à sujets différents, mais toujours arrêtées.

Les pièces sont fraîches, grâce au mode de construction, au petit nombre d'ouvertures, à l'épaisseur des murailles, et, malgré la chaleur de l'été, malgré le sirocco, la température y est toujours supportable.

Abd-ed-Selem est le petit-fils du Khaznadar, autrefois vizir des Beys, et a hérité de ses biens.

Il se lève à l'aube, court la ville la matinée entière pour récolter les nouvelles politiques et scandaleuses du lieu, rentre à onze heures chez lui ; il déjeûne seul, jamais avec ses femmes, toujours ayant ses fils ; il déjeûne copieusement, car à l'inverse du *meskin*, Abd-ed-Selem mange souvent et beaucoup : du mouton à toutes les sauces, des poulets de diverses façons, le couscouss avec ses nombreux apprêts.

Il passe l'après-midi accroupi sur un sofa, la tête entre les mains, le front plissé, l'œil fixe et inquiet, les nerfs tendus ; vous croyez qu'Abd-el-Selem médite ; non, il digère.

Puissant ou misérable, riche ou pauvre, Abd-el-Selem ou *meskin*, le Tunisien a ses qualités.

Aimable, doux, d'une politesse exquise, propre, toujours convenablement vêtu, le Tunisien est éloquent. Est-ce un talent naturel ? Est-ce une disposition à mentir ? une rouerie instinctive ? Toujours est-il qu'il mêle le vrai et le faux avec une facilité surprenante ; il n'a jamais d'avocat, il plaide lui-même sa cause et il la plaide bien, il parle longtemps, avec vie et correction. Il a le geste voulu, l'expression du visage désirée, une mimique surprenante, une puissance d'images incomparable, le mot juste, et toutes les apparences de la conviction. Il vous prouvera, avec des arguments empruntés au Coran et à l'Histoire, qu'il fait nuit en plein midi, qu'il fait froid en plein été, et il le démontrera avec le génie de Démosthènes.

Au demeurant, ses distractions sont nulles. Le Tunisien n'aime ni la chasse, à cause de la fatigue qu'elle occasionne, ni la pêche, à cause des rhumatismes qu'elle entraîne; s'il a une longue course à faire, il prend une voiture, ou monte une mule.

La musique du pays est dans l'enfance; le théâtre est grossier; les danses sont obscènes, les poésies érotiques.

Les habitants mangent avec les doigts. Néanmoins, placez le Tunisien chez l'Européen le plus raffiné, le plus civilisé, qu'il soit de haute ou basse caste, qu'il ait un palais ou une chaumière, il gardera toujours sa place; il mangera proprement et ne fera aucune observation choquante ; il sera aimable avec les femmes, courtois avec les hommes ; il aura le trait au moment voulu ; il ne s'étonnera de rien, il ne sera jamais provincial ; ignorant, en général, il ne dira point de sottise ; il aura toujours un tact parfait et une dignité surprenante.

Sa grâce instinctive le fait draper avec élégance dans un kaïk de luxe, comme dans un grossier burnous. Il possède, en un mot, à un haut degré, deux qualités qui en résument bien d'autres : il n'est jamais banal et il a du naturel.

Quoique calculateur, le Tunisien n'est point précis. Les mesures du pays en sont la preuve. L'unité de longueur est le *draa*, la coudée, environ un demi-mètre ; si le marchand est plus ou moins grand, il vous donne, pour le même prix, plus ou moins d'aunes d'étoffes, suivant son bras.

L'unité de volume est le *caffis* pour les grains, le *métal* pour les huiles ; mais, il y a un caffis à Tunis, un autre tout différent à Béja, de même pour le métal.

L'unité de distance est le *mille*; mais il y a le mille Marin, le mille Romain, le mille Anglais ; je n'ai jamais su le mille adopté, le Tunisien non plus. Il y a trois distances : *grib*, près, depuis une minute jusqu'à une heure de marche ; *chouia baïd*, un peu éloigné, depuis une heure jusqu'à un jour ; *baïd bezzaf*, depuis un jour jusqu'à un an.

Il y a aussi trois âges ; si le Tunisien est jeune, s'il n'a pas de barbe, il est *serir*, petit ; quant les moustaches ont poussé, il est *rejel*, homme ; quand la barbe grisonne il est *cheïb*, vieux. Ils sont souvent vieux à quarante ans. Ils ne savent jamais d'ailleurs la date de leur naissance ; ce qui ne les empêche pas de vieillir.

Le voyageur Peyssonnel raconte qu'il avait vu en Tunisie un voiturier qui était né sous le Bey Hussin ; Peyssonnel fit le calcul. Le voiturier avait 108 ans, il allait à pied pour laisser reposer dans sa charrette son petit-fils, autre vieillard âgé seulement de 70 ans.

Leurs prénoms sont peu variés. Ils s'appellent tous Ahmed, Mohamed, Ibrahim; s'ils s'enrichissent, s'ils deviennent propriétaires, s'ils sont munis d'une charge honorifique, ils embellissent et arrondissent le nom primitif, et y ajoutent le nom du père et du grand-père; s'ils sont Turcs d'origine, ils prennent un grade de l'armée; s'ils remontent aux Andalous, on est forcé de tourner la page pour désigner les titres et les noms des ancêtres, qu'ils ont soin de couper d'adjectifs louangeurs et de noms d'arbres productifs: l'olivier ou l'oranger.

N'étant pas de quelqu'un, ils veulent au moins être de quelque chose.

Leurs salutations sont compliquées. Il y a une formule en usage le matin, une dif-

RUE ARABE (Tunis)

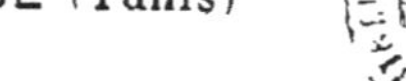

QUARTIER DES SELLIERS (Tunis)

férente à midi, deux autres après le déjeuner. J'errais un matin dans les bazars, j'entends des cris, je me retourne : deux fellahs poussaient des exclamations; ils se saisissaient les bras; se regardaient avec fureur ; je voulais les séparer pensant qu'ils allaient se battre : ils se disaient bonjour.

La Cité arabe est tranquille la nuit; les sergents de ville dorment comme les voleurs, et l'on peut impunément parcourir le quartier musulman à toute heure de la nuit sans armes et sans bâton. Mais il faut avoir un fanal. On m'a dit que la sécurité régnait à Tunis depuis qu'on y avait peint dans les carrefours dangereux une main rouge, fétiche dont les cinq doigts pénètrent dans les yeux de celui qui voudrait faire le mal.

Le Tunisien est religieux et spiritualiste. Tous n'exécutent pas les prescriptions du Coran à la lettre; mais tous croient à l'existence d'un Dieu créateur et à l'immortalité de l'âme. Leur paradis futur est sensuel; il existe dans leur esprit, sous une forme grossière, il est vrai, mais réelle. Malgré toute l'imagination dont ils sont doués, ils se refusent à penser que les hommes comme les chiens entreront après leur mort dans le néant.

Il y a d'ailleurs la religion des villes et celle des campagnes. A Tunis les fidèles vont souvent à la mosquée, ils font les ablutions réglementaires, mais ils sont plus coulants pour le vin et les viandes défendues. Dans les campagnes, on est moins dévot, on va moins à la Kobba, on fait moins de génuflexions, mais on ne mange pas de porc et on ne boit pas d'alcool.

J'assistais à un grand dîner officiel où se trouvaient un haut fonctionnaire musulman du gouvernement tunisien et un riche fellah. Le fonctionnaire revint à tous les plats; il prit trois fois du jambon, sous prétexte que l'animal producteur de cette denrée avait des ailes; il but deux bouteilles de champagne prétendant que le Prophète n'avait prohibé que les vins rouges.

Le fellah ne toucha qu'au melon, il fit cuire deux œufs et porta la santé de la France avec de l'eau fraîche.

Tous indistinctement font le Rhamadan, le carême des musulmans; et si quelques grands personnages prennent en cachette le bitter de midi, c'est l'exception. Le Rhamadan n'incommode pas le riche qui fait du jour la nuit et de la nuit le jour en ce mois d'abstinence ; mais il est dur pour le *meskin* qui malgré la chaleur est forcé de travailler sans manger, ni boire, ni fumer de la journée entière ; aussi attend-t-il impatiemment le bruit du canon qui annonce le coucher du soleil pour se précipiter à la fontaine voisine ou sur un morceau de pain (la viande du meskin). Le petit fils des Turs en profite pour allumer sa cigarette.

Tunis, dans les diverses phases de l'époque musulmane, a toujours été renommée pour ses fortes études de jurisprudence. Si elle n'a pas d'avocats, si elle n'a plus de médecins ni d'architectes arabes, elle ne manque pas de juges et de notaires. L'un de ces derniers, Si Moktar, qui jouit d'une parfaite réputation dans la Régence, m'expliquait un jour la loi de la Cheffaa : Je désire acheter une terre, le prix est fixé à dix mille piastres; au moment de signer le contrat, un voisin se présente et veut exercer le droit de Cheffaa, devenir maître à ma place de la terre en question au même prix. Il a la préséance parce qu'il est limitrophe.

Mais à côté de la Cheffaa il y a comme correctif la main de la Cheffaa et si le vendeur a eu le soin d'exclure de la vente autour du domaine une bande de la largeur de la main, le voisin, faute d'une main, n'étant plus rigoureusement limitrophe, ne peut plus exercer le droit de Cheffaa ; ses prétentions ne sont plus justifiées, je deviens alors possesseur légal du territoire désiré. L'ancien propriétaire garde la jouissance de la bande qu'il peut à son gré couvrir d'eucalyptus ou de faux-poivriers.

Toutes ces subtilités de la loi tunisienne, toutes ces roueries légales, me paraissent descendre en droite ligne de la foi punique.

Que de mélanges en effet dans le sang des Tunisiens! Que de changements ont subis Tunis et la Régence, habitées primitivement par les Berbères, occupées successivement par les Phéniciens, les Carthaginois, les Romains, les Vandales, les Byzantins, les Arabes, les Turcs et les Algériens! Toutes ces races se sont mélangées, fondues, et il serait difficile de trouver à un de ses habitants une origine nette et un sang de race pure.

Ces civilisations ont laissé des traces dans les lois et des souvenirs dans les maisons.

La plupart des constructions de Tunis ont été édifiées, en effet, avec les matériaux de Carthage, et il n'est pas rare de voir dans une voûte, dans un soubassement, dans une muraille, des inscriptions latines ou des chapiteaux phéniciens. Tunis a plusieurs belles mosquées ; celle de Sidi Mahrès avec ses cinq coupoles blanches, celle des Oliviers avec ses portiques et ses arcades élégantes. Leur entrée est encore aujourd'hui interdite aux Chrétiens.

Tunis est encore la ville la plus importante des Régences et du Maroc ; elle a hérité de la fortune de Carthage. Sa situation sur le Golfe, sa proximité de l'Europe, sa position centrale sur la Méditerranée, en font une cité vivante et grandiose. Moins vaste que les villes de Fez et de Maroc *, elle est beaucoup plus peuplée que ces dernières et elle ne contient pas moins de 125,000 habitants, dont 100,000 Musulmans environ.

Aux pieds de la Cité *arabe* s'étendent le Quartier *franc,* les faubourgs Bab Dzira et Bab Souika,habités par les Maltais, les Italiens et les Juifs.

Les Maltais sont depuis longtemps à Tunis. Chaque année il leur arrive de nouveaux frères qui abandonnent leur île inculte. Ils sont tous très religieux et ont des familles fort nombreuses. Leur langue dérive à la fois de l'italien et de l'arabe, ce qui leur permet de comprendre les divers idiomes parlés à Tunis. Ils s'entendent d'ailleurs fort bien avec les Musulmans et sont très honnêtes dans les rapports commerciaux.

* Fez et Maroc sont les deux Capitales de l'Empire du Maroc.

Ceux de la classe inférieure sont charretiers dans leur jeunesse ; après avoir parcouru les grandes routes de la Régence avec leurs *arabas*, charrettes grossières à deux roues, qui, grâce à leur rusticité, peuvent gravir les rampes les plus escarpées et franchir les torrents les plus rapides, ils viennent, hommes mûrs et expérimentés, prendre leur retraite comme cochers à Tunis où en gens mieux élevés ils conduisent dans les carrosses les riches Tunisiens.

Les Maltais de bonne famille sont courtiers en bestiaux et savent apprécier avec beaucoup d'exactitude le poids mort ou vif d'un animal. D'autres sont propriétaires aux environs de la ville et se livrent à la culture maraîchère.

La population italienne est considérable à Tunis ; elle comprend des banquiers et des négociants, des cultivateurs et des ouvriers. La plupart de ces derniers sont Siciliens.

Sobre, le Sicilien donne une grande somme de travail; peu exigeant pour la nourriture, il vit avec huit sous par jour: quatre de pain, un d'oignon, trois de fromage ; il boit du vin quand on lui en offre et prend seulement chaque dimanche, au sortir de la messe, du *raki**. Il économise et, après plusieurs années de labeurs, il s'établit fermier dans la Régence ou retourne dans ses montagnes de Palerme et y achète une vigne.

Le Sicilien a pour distraction la musique; il se repose le soir des fatigues de la journée en chantant quelque mélopée du pays, en s'accompagnant sur une mandoline grossière. Il est beau hâbleur, a une puissante faconde, ne parle pas l'arabe, ce qui ne l'empêche point de tenir de grands discours dans sa langue natale aux Musulmans.

Les Juifs, au nombre de vingt mille à

* Liqueur obtenue par la distillation des figues.

Tunis, sont petits banquiers, changeurs, usuriers, marchands d'antiquités récentes, courtiers, intermédiaires dans les affaires entre les Musulmans et les Chrétiens; ils parlent tous la langue arabe et écrivent indifféremment en hébreu ou en arabe. Ils sont moins doués pour les travaux agricoles, et sont surtout aptes au maniement de l'argent. Ils ne sont point honnis et méprisés comme au Maroc; ils vivent en bonne intelligence avec les Européens et les Musulmans. Leurs familles sont nombreuses. Leurs femmes ont beaucoup d'embonpoint, elles sont fort belles en général; le type a conservé la pureté des filles d'Israël, mais la vie lui fait défaut. Les Juifs suivent fort religieusement les prescriptions de leur culte; ils ne mangent que des viandes orthodoxes, dépensent peu, gagent sur tout et font rapidement fortune. Leurs rabbins jouissent d'une grande influence. Malgré leur goût pour les affaires, les Juifs s'abstiennent le samedi de tout travail manuel ou de comptabilité; ils se refusent même à recevoir l'argent et passent la journée à la synagogue, chez eux ou au café, exerçant leur activité intellectuelle au jeu d'échecs.

Il y a trois dimanches à Tunis : le vendredi des Musulmans, le samedi des Juifs et le dimanche des Chrétiens.

Les citadins vont les jours fériés au Bardo, palais des Beys, Versailles des Louis XIV au petit pied de la Régence, — aux jardins d'orangers de la Manouba où beaucoup de Musulmans ont leur maison de campagne, — au village de l'Ariana sur la route de Carthage. Les uns vont en voiture, ce sont les riches ; les autres à pied, ce sont les *meskins* ; d'autres se contentent de faire le tour des remparts et d'aller admirer le coucher du soleil, ce sont les artistes.

En dehors de l'enceinte de la vieille

Tunis se développe la nouvelle ville française, divisée par une grande artère, l'avenue de la Marine, qui s'étend depuis Bab Bahr, la porte de la Cité arabe, jusqu'aux bâtiments de la douane construits près du lac El Bahira. La ville est saine, et la présence du lac ne donne lieu à aucun miasme; l'air y est pur et la brise du golfe vient le soir, en été, rafraîchir les habitants. Les rues sont larges, bien pavées, bien entretenues. Les maisons sont hautes, grandes et bien bâties. Depuis l'occupation le terrain y a acquis une grande valeur et chaque jour on construit de nouveaux édifices. L'initiative française s'est donné jour; elle a élevé un beau marché, des hôtels confortables pour les voyageurs, de grandes maisons de crédit; elle a tracé de nombreux jardins et des squares. L'ancien aqueduc, dit d'Antonin, qui allait capter les eaux des sources du Zaghouan et du Djoukar a plus de soixante lieues de la cité, a été rétabli par des ingénieurs habiles à l'effet de fournir à la ville une eau fraîche et abondante.

Les communications régulières et fréquentes, par Bateaux à vapeur, ont été établies avec la Métropole ; le service des Postes et Télégraphes a été organisé, de grands magasins ont été montés, et la nouvelle Tunis présente tous les avantages et tous les agréments d'une ville européenne.

Au milieu de l'avenue de la Marine on aperçoit deux grandes constructions récentes : la Cathédrale et la Résidence, ce sont les deux maisons de la France.

III

LE CARDINAL LAVIGERIE

Pacification de la Tunisie due à l'heureuse influence du Cardinal. — Son œuvre dans la Régence : Création d'Écoles, de Paroisses, d'Asiles, d'Hôpitaux. — Son Œuvre dans l'Afrique Équatoriale, — Organisation des missions du lac Nyanza et du lac Tanganika. — Le Cardinal Lavigerie est le Grand Français d'Afrique.

Au mois de juin 1881, peu de jours après l'arrivée des troupes françaises commandées par Bréart, le général d'une autre armée, l'archevêque d'Alger, Monseigneur Lavigerie prenait possession du siége épiscopal de Tunis.

La situation était particulièrement

grave; les populations maltaise et italienne qui dominent dans la ville, surexcitées contre les Français, voyaient en nous autant d'envahisseurs injustes, autant d'ennemis.

L'instruction était faible, le service religieux insuffisant; il n'y avait pas d'asile pour les infirmes; il n'y avait pas d'hôpitaux; et le cimetière même des Chrétiens, mal orienté, mal placé, entouré de constructions, encombré de tombes, devenait un danger de chaque jour pour la cité.

En moins de deux années, la situation avait changé entièrement; les haines étaient apaisées, le calme fait dans les esprits; il n'y avait plus qu'un seul troupeau sous un seul pasteur. Les vieillards avaient un abri, les enfants une école, les catholiques un culte assuré, les malades un palais.

Le Cardinal Lavigerie avait accompli

ces prodiges. Il avait fait à lui seul pour la pacification de la Tunisie plus qu'une armée de 100,000 hommes, suivant l'énergique expression de Gambetta.

Mgr Lavigerie est un lettré distingué. Il est docteur ès-lettres, docteur en droit, docteur en théologie; savant, il possède une vaste érudition qui l'avait fait nommer professeur à la Sorbonne où il a enseigné, pendant sept années consécutives, l'histoire ecclésiastique. Grand orateur, plusieurs de ses discours : l'Oraison funèbre du Pape Pie IX, le parallèle entre le maréchal Bugeaud et Lamoricière, sont dignes de Bossuet.

Le Cardinal est profond politique, et possède toutes les qualités qui font l'homme d'Etat; mais il est avant tout missionnaire zélé, organisateur sûr et prompt.

En soixante jours il a élevé au milieu de la Ville française une cathédrale provisoire. Les premiers chants religieux qui retentirent sous la nef furent un *Te Deum* pour remercier la Providence d'avoir préservé la reine Victoria de la balle d'un assassin. Le Gouvernement anglais et son ministre à Tunis, M. Read, furent sensibles à cette délicate attention du nouvel évêque, et les Maltais qui relèvent du Chargé d'Affaires de l'Angleterre furent dès lors réconciliés avec le Cardinal. Sa bonté, son éloquence, sa belle prestance, sa barbe vénérable, sa physionomie distinguée avaient changé leurs dispositions. Ils le regardent aujourd'hui comme leur père, comme leur roi; ils s'attellent à sa voiture aux grandes fêtes de l'année.

L'école qu'il a fait construire pour les fils des ouvriers siciliens dans leur quartier de Bab-Dzira, la chapelle qu'il a élevée pour eux, sous le vocable de Sainte-Lucie, la patronne de la Sicile, et qui est desservie par des prêtres de Palerme, ces diverses mesures intelligemment conçues, rapidement exécutées ont amené, elles aussi, les meilleurs résultats.

Les Arabes, également, qui n'ont pas oublié les services personnels que Mgr Lavigerie a rendus à leurs frères d'Algérie, dans la cruelle famine de 1867, admirent et respectent cette noble figure; ils viennent, de fort loin, des limites du désert, saluer celui qu'ils appellent « leur grand Marabout ». Suivant les prévisions des Imans, prêtres musulmans de Tunis, tous les Chrétiens doivent aller, après la mort, « *fiel koucha*, dans le four, en enfer ». Ils font une exception : elle est en faveur de Son Eminence.

Le Cardinal Lavigerie a eu pour première pensée, en arrivant à Tunis, le développement de l'instruction.

Dans ce but, il a construit en plein quartier français, le beau Collége Saint-Charles qui peut recevoir trois cents jeunes gens et qui est ouvert indistinctement à toutes les bourses, à tous les cultes, à toutes les religions. Là, plus de cent cinquante élèves Musulmans, Juifs, Protestants, Grecs schismatiques ou Chrétiens, apprennent, sous la direction de professeurs éclairés, la littérature et les sciences, notre langue et les belles pages de notre Histoire. Ils apprennent que notre pays est grand et généreux ; peu à peu, les préjugés s'affaiblissent, les préventions disparaissent et la haine du Français et du Chrétien tombe pour faire place à la reconnaissance et au respect.

Une école du même genre, pour les jeunes filles, est sous la direction des dames de Sion.

Des écoles gratuites, dirigées par les frères de la Doctrine chrétienne, ont été inaugurées dans la capitale et dans les villes de Sfax, Sousse, Méhédia, Byzerte et Béjà. Son œuvre de civilisation grandissant de proche en proche dans tous les principaux centres de la Régence y produit les meilleurs effets.

Pensant aux nécessiteux et aux infirmes, le Cardinal a fondé un asile pour les vieillards qui, autrefois, erraient dans la ville, pâles, exténués, grelottant en hiver, réduits à coucher sur la place publique et à mendier leur pain et qui, aujourd'hui, trouvent un abri assuré, une nourriture saine et les soins dévoués des admirables petites Sœurs des Pauvres.

Les malades, anciennement accumulés dans quelques chambres basses, étroites, privées d'air, sont maintenant soignés par les dames de Saint-Joseph, dans un vaste hôpital, bien aéré, ancienne caserne du Bey, mise à la disposition de Son Eminence, grâce à l'intervention de M. Cambon.

Un terrain, situé en dehors de la ville, clos, a été converti en cimetière et les sépultures des morts seront dorénavant entourées du calme et du recueillement nécessaires.

Les populations catholiques répandues dans la Régence étaient la plupart sans secours religieux. En quarante ans, on n'avait établi que sept paroisses. En deux années, le Cardinal en a fondé neuf autres: celles de Saint-Vincent de Paule à Tunis, Saint-Louis à Carthage, celles de la Marsa, l'ancienne Mégara, de Tabarca qui a gardé son nom primitif, illustre dans les annales de l'Église africaine, de Béjà, l'antique Vaga, de Hammamet et de Nébeul, de l'Enfida, de Gabès, l'ancienne Tacapæ.

Ces paroisses ont été confiées, à défaut des Franciscains qui n'ont pu les accepter, faute de sujets, aux prêtres français qui remplissaient les fonctions d'aumôniers militaires.

Enfin, pour assurer le recrutement du clergé tunisien, un séminaire a été élevé à Carthage.

Voulant aussi que de grands travaux d'architecture brillassent aux yeux des Africains, par leurs belles lignes et leurs beaux marbres, le Cardinal a fait construire une Cathédrale à Carthage, en style Byzantin-Mauresque, où sont déjà en place 140 colonnes de carrare. Cette cathédrale a été édifiée en l'honneur de Saint-Louis, et aux frais de descendants de Croisés qui accompagnaient le pieux Monarque dans sa dernière guerre.

Près de cette basilique est le musée archéologique fondé par Beulé et qui chaque année augmente le nombre de ses pièces et de ses inscriptions, grâce aux labeurs et aux savantes recherches du R. Père Delattre, préposé par Mgr Lavigerie à ce travail. Le R. Père Delattre a relevé déjà plus de 1,500 inscriptions dans le cimetière des esclaves de Carthage.

Pour toutes ces fondations, pour toutes

ces constructions, pour l'entretien d'un pareil personnel, il faut beaucoup d'argent. Les revenus dont dispose le Cardinal étant très limités, il a recours à la charité pour plus des trois quarts de ses dépenses.

Mettant en pratique le principe de Fénelon, qu'un évêque doit être sans argent et sans dettes, il ne craint pas, malgré ses soixante-deux hivers, de quitter la crosse de l'évêque pour le bâton du quêteur à l'effet de ne rien laisser en souffrance et de ne laisser péricliter aucune de ses institutions charitables, patriotiques et religieuses.

Les secours lui viennent d'ailleurs de bien des camps. Un jour, un officier fit demander à l'aimable et digne curé de Tunis, M. Casagnol, l'œuvre que Son Eminence considérait comme la plus urgente à fonder. — Une école pour les Maltais, lui fut-il répondu. — Et le lendemain, l'officier faisait parvenir dix mille francs discrètement sur la table du Cardinal.

Les anecdotes de la charité sont toujours touchantes. J'en citerai une autre.

Un homme de lettres distingué qui visitait récemment la Tunisie dans la pensée d'aider au développement de l'instruction, vint un jour communiquer au Cardinal ses pensées : « Je suis protes-
« tant, dit-il, mais je suis Français. Je
« vois que ce qu'il faut surtout ici, ce
« sont des écoles, et pour le moment, eu
« égard à la disposition des esprits, des
« écoles religieuses. Pour preuve de ma
« conviction, je vous demande de vouloir
« bien accepter une subvention annuelle
« de deux mille francs pour la fondation
« d'une école de Sœurs françaises dans
« une ville où il ne s'en trouve point ».

En même temps que le Cardinal fonde, construit, répare, organise, enseigne dans toute la Tunisie, il établit des Missions dans l'Afrique équatoriale, dans le Sahara, pour ramener au Catholicisme, sans violence et sans efforts, par l'instruction et par la charité, les populations musulmanes des Mzabs et des Touaregs, pour la plupart monogames, autrefois chrétiennes *.

Ce vaste pays de l'Afrique équatoriale au Sud du Soudan, qui a été découvert par Livingstone et Stanley, sain en général,

* « Au moment de l'invasion musulmane en « Afrique un grand nombre de familles chré« tiennes furent transportées de force dans le fond « de l'Arabie. Tout le reste fut obligé d'aban« donner aux Musulmans vainqueurs les plaines « et les vallées et de se réfugier, pour éviter la « mort, dans les gorges les plus incultes de l'Atlas « ou au-delà des dunes de sable, dans les oasis du « désert.

« Dans les montagnes du littoral, ces anciens « maîtres de l'Afrique prirent peu à peu le nom « de Kabyles ; dans les oasis du désert, ils se nom« mèrent Mzabites et Touaregs; mais les uns et « les autres conservèrent leur langue nationale (le « Berbère), leur tradition civile, et durant des « siècles entiers, leur ancienne religion.

grâce à la présence de grands lacs et de hautes montagnes, habité par des nègres, possède aujourd'hui quatre missions chrétiennes florissantes aux lacs Nyanza et

« Quatorze fois, au dire de l'historien arabe » Ebn Khaldoun, on contraignit les indigènes à » l'apostasie; quatorze fois ils redevinrent chré» tiens, jusqu'à ce qu'enfin, le sacerdoce ayant été » détruit peu à peu, le culte catholique ne pût se » maintenir.

« Il est certain que les Kabyles avaient encore » des évêques au XIe siècle. Depuis ce temps, nous » n'avons sur l'existence de l'Église dans ce pays, » que des notions confuses. Nous savons seule» ment qu'entourés de Musulmans fanatiques. per» sécutés ouvertement par eux, les Chrétiens indi» gènes perdirent leurs évêques et leurs prêtres, » et que vaincus eux-mêmes par les menaces, » entraînés par l'ignorance et par la séduction, » ils embrassèrent insensiblement le Mahomé» tisme. Après le XIVe siècle, il n'est plus fait men» tion, par aucun des historiens ou voyageurs » arabes qui parlent de l'Afrique du Nord, de » l'existence de communautés chrétiennes dans ce » pays ».

(*Monseigneur Lavigerie. — Lettre sur la Mission du Sahara. — Œuvres choisies. — Poussielgue 1884*).

Tanganika, aux sources du Congo et du Zambèze.

En même temps que les Églises réformées de Londres et de New-York envoyaient leurs prêtres dans ces contrées, et assuraient leur entretien au moyen de subventions annuelles de plus de cinq millions de francs ; le cardinal Lavigerie, dont les ressources étaient plus que modestes, envoyait aussi ses Pères Blancs d'Alger, Français, dans le but d'arrêter l'esclavage, d'entraver l'action musulmane qui y gagne chaque année du terrain, de soigner les malades, d'enseigner les enfants et d'apprendre à ces populations ignorantes, idolâtres, fanatiques, à aimer Dieu et la France.

Les missionnaires d'Alger s'y rendent chaque année avec l'enthousiasme des héros chrétiens; préférant l'eau au vin, la bure au drap fin, la souffrance à la joie, ils y perdent souvent la vie ou la santé;

mais ils trouvent toujours de généreux remplaçants prêts comme eux à signer à chaque instant le bon du martyre, pour remplir avec le même dévouement et le même zèle leur œuvre de foi.

Toutes ces missions organisées dans le Sahara, le Soudan, l'Afrique équatoriale, toutes ces œuvres charitables établies en Algérie et Tunisie, toutes ces écoles fondées dans l'Afrique musulmane et idolâtre, tous ces travaux exécutés en vue de la religion, de la civilisation, de la France, méritent bien déjà à son Eminence le Cardinal Lavigerie, primat d'Afrique, archevêque d'Alger et de Tunis, le titre de « Grand Français d'Afrique » que lui décernera un jour l'Histoire.

Mgr LAVIGERIE

PAUL CAMBON

IV

UN PROTECTORAT EFFECTIF

L'établissement du Protectorat par M. Cambon. — Géographie générale de la Tunisie. — Situation de la Régence avant l'occupation française. — Nouvelle organisation des divers services. — La justice unifiée. — Établissement de contrôleurs. — Nouvel essor donné aux Travaux publics : chemins de fer, aqueduc, routes, ports — Nouvelle armée tunisienne. — Le Bey règne et la France gouverne. — Avantages du Protectorat. — Dangers d'une annexion.

L'intelligente et patriotique initiative de M. Roustan avait amené les Français à Tunis.

Dans l'administration de ce pays désorganisé, il fallait une méthode ; dans cette voûte sur le point de crouler, il fallait une clef; dans ce corps affaibli il fallait du nerf; le Protectorat français a placé la clef de voûte, a fourni la méthode, a infusé un nouveau sang.

Tout en laissant à la tête de la Régence le gouvernement des Beys qui préside à ses destinées depuis deux siècles; tout en respectant la religion des Tunisiens et les lois musulmanes en vigueur, sans porter atteinte à la propriété individuelle, sans toucher aux institutions du pays, le Protectorat français venait implanter dans la Régence l'esprit d'organisation et l'esprit de suite.

L'établissement du Protectorat en Tunisie a été l'œuvre de M. Paul Cambon, notre ancien Résident Général à Tunis, aujourd'hui Ambassadeur en Espagne. Esprit fin, intelligence ouverte, connaissant les hommes et les choses, diplomate distingué, M. Cambon s'est révélé dans cette situation difficile administrateur habile, organisateur supérieur.

Sans froisser les susceptibilités du gouvernement beylical, tout en maintenant les droits acquis, M. Cambon a pu donner à la Régence un nouvel aspect et lui préparer un bel avenir. Son successeur, M. Massicault, administrateur d'un grand mérite, continue, en le développant, le plan de M. Cambon à l'effet de restaurer l'ancien pays d'Annibal.

Il n'y a qu'à jeter un coup d'œil sur ce qui a été fait, sur ce qui est en voie d'exécution, pour apprécier les résultats obtenus en un si petit nombre d'années par l'établissement du Protectorat français dans la Régence.

La Tunisie limitrophe de la province de Constantine à l'Ouest, du Sahara et de la Tripolitaine au Sud, bordée par la mer Méditerranée au Nord et à l'Est, qui y découpe les trois grands golfes de Tunis, d'Hammamet et de Gabès, représente une superficie de 12 millions d'hectares, un cinquième environ du territoire français.

Elle est caractérisée par un grand développement en longueur Nord-Sud sur une profondeur relativement faible. Comme conséquence de cette configuration physique, les ports sont nombreux, les communications commodes, et de plus, la brise de mer vient plus facilement tempérer les ardeurs du soleil d'été et y rendre supportables les mois les plus chauds de l'année : juillet et août.

L'hiver y est fort doux ; le climat y est sain, le ciel pur.

Le territoire est traversé en écharpe par la chaîne de l'Atlas qui vient mourir au cap Bon, et dont la plus haute cime dans la Régence, le Zaghouan, ne dépasse pas 1,400 mètres d'altitude. L'Atlas tunisien, par ses ramifications, donne naissance à trois grands bassins hydrographiques :

la Medjerdah au Nord, l'ancienne Zengitane ; le Kelbiah au centre, l'antique Byzacène ; les Chotts au Sud, le vieux Triton.

Ce pays peu montagneux comprend les grandes plaines d'alluvion de la Dakla, de Ghorombalia et de l'Enfida, les nombreuses et riches oasis de Gabès.

La terre est fertile ; si les pluies sont abandantes et les irrigations bien comprises, elle se couvre de moissons superbes. Partout les céréales, le blé, l'orge, le sorgho, le maïs y donnent d'assez beaux rendements. La vigne y réussit à merveille. La Tunisie produit en outre des huiles excellentes sur tout le littoral, des alfas dans la région de Sfax, des dattes renommées dans le Djerid.

Elle a pour capitale Tunis ; pour principales villes : Béjà, Byzerte, Kairouan, Sousse, Sfax.

La population ne dépasse pas 1,500,000 âmes, alors qu'*à l'époque romaine*, sui vant les calculs de Tissot, elle n'était pas au-dessous de *15 millions*.

Avant le Protectorat, la situation que présentait ce riche pays qui avait eu de si beaux jours sous la domination Romaine était des plus lamentables. Un gouvernement arbitraire, absolu, impuissant, contraint d'envoyer la force armée pour relever les impôts ; les tribus se faisant une guerre acharnée, souvent rebelles à l'autorité du Bey ; les habitants des villes opprimés par leurs gouverneurs, les paysans appauvris par leurs caïds ; une armée dérisoire de généraux sans cadre, de fantassins mal habillés, réduits à mendier pour gagner le pain que leur refusait l'administration ; pas de chemins, pas de ponts sur les rivières, pas d'eau dans les villes ; des rues boueuses en hiver, pleines de poussière en été ; comme ports, des rades ouvertes à tous les vents ; la situation financière déplorable, la dette publique augmentant chaque année, des dépenses inutiles, des impôts excessifs, des monopoles injustes accordés aux favoris, le régime des *bacchich* en vigueur sur toute l'échelle; les divers éléments européens réduits à l'inaction, sûrs de l'impunité au moyen des capitulations qui leur faisaient donner raison par leurs représentants respectifs.

Peu à peu, par de sages mesures, par sa courageuse initiative, par sa diplomatie temporisante à ses heures, inflexible à d'autres, le Résident français a changé en couleurs vives et fraîches les teintes sombres du tableau tunisien. Il a su faire respecter et aimer la France, par le gouvernement des Beys qui a trouvé auprès d'elle une tête qui pense et un bras qui agit, et par les Tunisiens qui ont eu une justice assurée et un travail certain.

Les capitulations ont été abolies, la justice unifiée ; un Tribunal de première instance, composé de magistrats français, installé à Tunis ; des juges de paix établis dans les grandes villes.

A côté des Caïds ou représentants du Bey, gouverneurs des provinces et administrateurs des tribus, M. Cambon, pour surveiller leurs agissements, a placé des contrôleurs Français qui, tous, fort au courant de la langue du pays et des mœurs des habitants, suppriment les abus, rendent au pauvre son bien, la justice à tous, arrêtent l'exécution des mesures iniques et empêchent l'oppression des malheureux fellahs.

L'armée tunisienne a passé en grande majorité dans les cadres des Compagnies franches où, sous l'habile direction d'officiers français, les soldats indigènes, bien nourris, bien habillés, payés régulièrement, peuvent effectivement mettre en évidence leurs qualités distinctives, la facilité pour la marche, leur aptitude pour le cheval, et concourir ainsi à la défense du pays.

L'instruction a été développée, grâce aux soins persistants de M. Machuel, directeur général de l'enseignement. M. Machuel estime avec raison qu'il faut restaurer les anciennes universités Arabes dans un pays qui au XIVe siècle a donné le jour à des hommes éminents tels que Ebn Khaldoun, le grand historien des Berbères *; il propage chaque jour la langue française dans les villes et les villages, et il a fondé dans ce but une école normale d'instituteurs indigènes, à Tunis.

* « Le XIVe siècle offre un historien supérieur » dans Ald-Er-Rhaman Ebn Khaldoun né à Tunis en 1332, mort en 1406. Il parcourut une carrière brillante mais agitée, et fut revêtu de hautes magistratures à Tunis, à Fez, à Tlemcen et en Egypte. Ce judicieux et savant écrivain a composé une Histoire universelle et une Histoire des Berbères où, se plaçant à une hauteur inconnue aux Musulmans, il a mérité le surnom de Montesquieu des Arabes. »

(Description du Maroc par l'abbé Godart).

Des crédits ont été alloués pour l'organisation de missions scientifiques et archéologiques. Des savants de toute espèce ont fouillé les ruines de la Régence, en ont étudié la flore et les fossiles, ont estampé les inscriptions Puniques, Romaines et Coufiques, ont analysé son sol, observé son climat, à l'effet de connaître plus intimement le passé du pays, les ressources du présent.

Dans cette même intention, des officiers d'état-major ont dressé avec une grande exactitude la carte de la Régence, où sont représentés avec soin les montagnes avec leurs pentes et leurs altitudes, les rivières avec leurs contours et leurs affluents, les plaines et les vallées avec leurs jardins et leurs sources, les villages, les constructions anciennes, ce qui permet aux nouveaux arrivants de trouver, sans difficulté, les centres de ravitaillement, les carrières et les puits.

Pour faciliter la création des ports, des ingénieurs hydrographes ont relevé la côte avec toutes ses sinuosités, les baies avec leurs profondeurs, les rochers ou montagnes du littoral avec leurs hauteurs.

Un plan de travaux publics, comprenant les chemins de fer, les routes, les ports, les travaux des villes, a été habilement conçu et exécuté en partie par M. Léon Grand, aujourd'hui Ingénieur en chef au corps des Mines, ancien Polytechnicien, esprit prompt et intelligence brillante.

Un chemin de fer à la fois stratégique et commercial a été construit par la Société de Bône-Guelma, dans la vallée de la Medjerdah, reliant aujourd'hui Tunis à l'Algérie; il dessert les principales villes de la Régence. Un autre est projeté entre Tebessa et Gabès, par Gafsa. Un troisième enfin, amorcé dès aujourd'hui jusqu'à l'Hammam-l'Enf, d'une direction générale Nord-Sud, mettra en communication Tunis et Sousse et ira à Kairouan, traversant tout le territoire de l'Enfida.

Plusieurs routes ont été tracées et empierrées, des ponts lancés aux passages importants, des phares élevés aux principaux caps. Le régime des eaux est étudié par les gardes forestiers pour le développement des irrigations et pour amener la bonne utilisation des eaux d'hiver et faciliter la création des barrages en vue de la dérivation des eaux et de réservoirs aux emplacements favorables pour l'emmagasinement des eaux d'automne,

Un appontement a été établi à Sousse, pour faciliter le débarquement des marchandises et des voyageurs. Des études sérieuses ont été faites pour la création d'un port à Tunis.

Un puits artésien a été foré à Sfax pour l'alimentation de la ville.

Dans les finances, la Dette nationale a été consolidée et garantie par le gouvernement français, les monopoles ont été supprimés, les affermages donnés aux enchères ; le budget de la Régence est aujourd'hui prévu, fixé et établi sur des bases solides.

La législation Torrens justement préconisée, intelligemment vulgarisée par M. Yves Guyot a été mise en vigueur ; elle permet ainsi l'achat des propriétés, facilite les emprunts et simplifie les ventes, prêts ou mutations, au moyen d'un plan cadastral bien relevé et d'un registre des domaines bien tenu.

Le principe tunisien de l'Enzel par par lequel on paie la terre sous forme d'une rente annuelle perpétuelle a été développé et étendu aux biens de mainmorte.

Ce vaste système de réformes et d'innovations a eu pour conséquences immédiates de faire régner l'ordre dans la Régence, d'imprimer un nouvel essor à l'agriculture, à l'industrie et au commerce. Les capitaux français, sûrs du lendemain, ont pu efficacement produire dans le pays. Les uns se sont portés dans l'exploitation des mines, comme la compagnie de Moktar El Haddid qui s'est établie à Tabarca, où se trouvent des mines de fer, et y a construit des galeries pour l'extraction et un port pour l'embarquement des minerais ; les autres vers les exploitations agricoles comme à l'Enfida où se trouve une ferme de 100,000 hectares. Les européens ont acheté des propriétés dans la plaine de Mornak, près de Tunis, ou à proximité du chemin de fer de la Medjerdah pour la plantation de la vigne. Les ouvriers maltais et italiens ont trouvé du travail ainsi que les paysans tunisiens.

La production a augmenté et augmentera chaque année davantage, la terre mieux labourée donnera de plus beaux rendements. Et dès maintenant le budget de la Tunisie se solde par un excédant de recettes de trois millions de francs, qui forme une réserve pour le développement des travaux publics.

La Tunisie se suffit à elle-même aujourd'hui et elle ne coûte plus à la Métropole. La production croissante des grains, du bétail et des vins permettra l'abaissement des droits de sortie encore excessifs pour certains produits, tels que les huiles. Le chiffre des exportations augmentant, les droits de douane pourront présenter les mêmes recettes avec une forte diminution des tarifs.

La Tunisie est pacifiée, la Tunisie rapporte. Elle doit ses heureux résultats à sa proximité de la France, car en moins de trente heures on franchit la Méditerranée de Marseille à Tunis, au choix de ses Ministres, à la salubrité de son climat, à la douceur relative de ses habitants, à notre connaissance des Arabes, à l'établissement du protectorat.

En effet, depuis cinquante ans nous sommes en contact continuel avec les Arabes et les Kabyles d'Algérie ; depuis cinquante ans les Africains nous connaissent, ils savent que nos soldats sont braves et nos administrateurs intègres ; notre caractère ouvert, gai, naturellement sympathique, leur plaît. Ils voient en nous la justice qui préside, la force qui maîtrise, l'initiative qui crée, la générosité qui pardonne. Ils se sentent compris par nous et en sont satisfaits. L'expérience acquise des Arabes d'Algérie, plus belliqueuse, nous a efficacement servis chez les Arabes plus doux de Tunisie.

Et dans ce dernier pays, nous avons pu, en peu d'années, sans de violentes secousses, y mettre en pratique effectivement l'adage : *Le Bey règne, la France gouverne*, et y réaliser le désir patriotique si bien exprimé par M. Leroy-Beaulieu, dans un remarquable article de la *Revue des Deux-Mondes* : « La race supérieure » doit élever, diriger et conduire la race » inférieure. »

Les Tunisiens reprennent courage ; sûrs de ne pas être traqués comme des fauves, de conserver leur gouvernement, de ne pas être dépossédés ; ils voient dans les Français des sauveurs et des intelligences qui les aideront à tirer un parti avantageux de leur patrie.

Tout autres eussent été les conséquences d'une occupation complète et d'une annexion définitive. Les Beys, dépossédés et privés du pouvoir, auraient suscité dans l'ombre des querelles sans fin, des révoltes incessantes, usant du prestige religieux qui les entoure et du levier du fanatisme qui se trouve toujours dans les cœurs musulmans ; ils auraient mis un jour le feu aux poudres, et tous ces Tunisiens, aujourd'hui tranquilles, calmes, dévoués même, dans une certaine mesure, aux intérêts français, n'auraient pas hésité à s'insurger en masse à l'instigation de faux prophètes, proches parents de la dynastie expulsée.

En outre, comme le signalait M. Pascal, ancien Conseiller d'État, dans la brillante conférence qu'il a faite à la Société des Études Coloniales et Maritimes, une annexion totale et le renversement des rouages tunisiens, amèneraient une nuée de fonctionnaires européens, dont les traitements absorberaient le plus clair des revenus de la Régence.

Le Protectorat était bien la forme de gouvernement à appliquer en Tunisie ; l'instrument d'ailleurs était délicat à manier, il demandait une main adroite et sûre que le gouvernement a eu la bonne fortune de trouver, et de mettre en place en temps suffisant pour le bon fonctionnement du système.

Pour observer de plus près ce qu'ont fait les Français dans la Régence, pour étudier plus en détail l'influence bienfaisante et civilisatrice de la France en Tunisie, les ressources de la terre et les populations qui l'habitent, parcourons les trois grandes région de l'ancienne Byzacène ou province de Kairouan, celle de l'ancienne Zeugitane ou la vallée de la Medjerdah, et la contrée des Chotts.

V

SUR LA ROUTE DE BIR LOUBIT

On voyage aujourd'hui avec sécurité dans la Régence. - Le Rebat de Soliman et la Charité musulmane. — Noce arabe. — Le médecin de Ghorombalia. — Un enterrement sans larmes. — Le Travailleur de Gabès. — Un poète aubergiste.

On voyage aujourd'hui dans la Régence de Tunis avec la plus grande sécurité le jour et la nuit. Certains passages sur la route de Kairouan, autrefois très redoutés du touriste, sont devenus sûrs et l'on peut actuellement sans escorte, seul, à cheval ou en voiture, gagner les grands centres de l'intérieur, sans avoir à craindre de fâcheuses aventures.

5.

Pour aller à Kairouan, on suit généralement le chemin de Bir Loubit. C'est cet itinéraire que j'ai parcouru maintes fois, que je vais signaler au lecteur.

Le chemin de fer conduit en peu d'instants à l'Hammam l'Enf, où l'on trouve les véhicules commandés la veille à Tunis, et l'on s'engage avec enthousiasme, au lever du soleil, sur la grande route de Kairouan.

La voie est bonne ; les rivières qui vont se perdre dans la presqu'île du cap Bon, sont à sec, sauf quelques jours d'hiver ; les lauriers roses dessinent au loin leurs contours sinueux ; à droite les cîmes tordues de l'Hammam l'Enf et du Djebel Ressas, montagnes escarpées, dénudées et privées de végétation ; à gauche la plaine de Ghorombalia, large, jaune, riche et étendue, présentant quelques bourgades : Soliman, le Menzel, Ghorombalia ; au second plan : le golfe de Carthage, le village blanc de Sidi Bou Saïd et le rocher Zembra isolé dans la mer.

Chacun de ces lieux rappelle un souvenir.

Soliman, que l'on laisse près du chemin, annoncée au voyageur par son minaret brun, élevé, qui sort des lacs imaginaires formés par les mirages, est une petite ville arabe qui a eu de l'importance sous le gouvernement des Beys.

Le Bey Othman, au XVII° siècle, y avait établi une colonie de Maures andalous. Ceux-ci, instruits dans l'art des irrigations, connaisssant la culture des mûriers et du coton, tolérants, industrieux, avaient inspiré un nouveau souffle à la Régence dans les divers villages qu'ils avaient fondés : Zaghouan, Testour, Tebourba et Soliman. Mais peu à peu, sous l'oppression des chefs, par leur contact avec les indigènes, les andalous eux-mêmes avaient perdu leurs qualités distinctives, et les principes de vie qu'ils avaient apportés d'Espagne étaient devenus la proie du néant.

Le docteur Pellissier, naturaliste distingué du siècle dernier, qui a laissé une relation de son voyage en Tunisie fort estimée et bien vivante, cite à propos de Soliman un fait dont j'ai pu constater la véracité. Il y a dans la plupart des villes musulmanes en Afrique une maison et souvent tout un quartier qui sert de refuge (en arabe *Rebat*) aux débiteurs insolvables. Ces *rebats*, généralement situés auprès du tombeau d'un saint célèbre, ont leur enceinte, leurs remparts, leurs magasins ; ils sont doués d'une vie propre et jouissent de certains revenus concédés par les grands ou par les associations pieuses qui servent à l'entretien des refugiés. Ces derniers ne peuvent être poursuivis par leurs créanciers dans les *rebats*. Cette intention dont plusieurs négociants m'ont manifesté les avantages, facilite les concordats, permet une entente et donne au créancier la faculté de recouvrer une partie de ses avantages.

Cette tradition philanthropique n'est pas la seule en vigueur chez les Musulmans, qui ont des défauts, des vices, mais qui ont l'âme charitable.

Les fous, on le sait, chez eux ne sont jamais enfermés ; et c'est peut-être à la liberté qu'on leur accorde que l'on y doit l'absence, presque complète de folie furieuse. Les hôpitaux sont gratuits ; les établissements d'Eaux Thermales ont tous une construction réservée aux indigents. Enfin les infirmes ont, en général, au bord des chemins fréquentés, un emplacement réservé à leur usage. Ils ne s'y tiennent pas et néanmoins le passant dépose à cet endroit son offrande ; personne ne remercie le donateur ; personne ne sert de gardien au pécule qui s'élève souvent à plusieurs piastres et le voleur même n'y dérobe jamais une obole, sachant que le denier du pauvre est toujours le denier de Dieu.

Au delà de Soliman, Menzel, avec ses jardins d'amandiers, l'ancienne métropole du Chérik *, signalée sous le nom de Menzel Bachou, par l'auteur arabe El Bekri, comme la première station de la route de Tunis à Kairouan.

On distingue le rocher de Zembra, célèbre par la défense héroïque des chevaliers de Malte, qui y firent naufrage, et se réfugièrent avec leurs canons au sommet de l'île ; ils se battirent vaillamment contre les troupes du Bey qui les harcelaient de toutes parts, et s'apprêtaient à mourir, lorsqu'un navire, au bruit de la fusillade, arriva sur ces entrefaites, et put en recueillir le plus grand nombre.

Je rencontre une noce arabe ; la mariée

* La Presqu'île du Cap Bon.

a pour ce jour les honneurs du chameau; elle est couverte de voiles blancs, légers et soyeux, qui cachent ses traits; elle s'avance lentement sur cette monture improvisée, précédée d'une escorte d'honneur richement parée qui exécute la fantasia et suivie par les femmes qui poussent les cris de joie habituels.

Son mari a eu 100 piastres à donner au père, et un sac de pois-chiches à la mère. Ce dernier cadeau suppose une grande beauté. De nombreuses distributions de poudre ont été faites aux jeunes gens de la tribu. La corbeille se composait d'une commode.

Plus loin, quelques jardins d'oliviers nous annoncent Ghorombalia; le soleil est plus chaud; l'enthousiasme moins vif; les arbres sont plus tristes; les plaines plus sèches ; les maisons moins blanches.

Le Bey possède à Ghorombalia beaucoup de terres et un pressoir à huile. Les biens du Bey, dits Beylic, sont disséminés dans toute la Régence; ils sont considérables, et consistent en propriétés territoriales immenses, en bois d'oliviers, en jardins, en palais, en châteaux. Les terres du Beylic forment, avec celles du clergé dites « biens Habbous, » la grande portion de la Régence. Les habbous servent à l'entretien des mosquées, des imans*, des écoles, des hôpitaux, et ils fournissent chaque année des rentes importantes aux temples de la Mecque et de Médina en Arabie. Tous ces biens : terres, forêts, oliviers, maisons de location dans les villes, sont sous l'administration d'un intendant spécial, dit *Oukil,* qui les gère avec insouciance et ne leur fait pas rapporter ce qu'ils devraient.

Au café Maure de Ghorombalia, un Docteur marocain, habillé à la française,

* Prêtres musulmans.

distribue aux malades du hameau un élixir de longue vie, sous forme de bâtons de réglisse couverts de versets du Coran. Les docteurs marocains ont une grande réputation dans la Régence, j'ajouterai qu'au Maroc les médecins tunisiens font la vole.

J'entends des cris plaintifs, on me dit de ne pas faire attention « *Kif El riha* » c'est de la fumée; c'est une femme qu'on enterre. Elle est morte il y a trois heures à peine; on la porte au cimetière sur un brancard, dans un linceul, sans bière; quelques cris payés, pas de noir sur les habits à cause du soleil, pas de larmes aux yeux, à cause du Coran; elle est ensevelie, orientée du côté de la Mecque; on place sur sa tombe une brique écornée aux angles. Les parents : fils, père et mari retournent au café prendre des forces pour supporter « *islamiquement* » la douleur.

La plaine est déserte, des troupeaux de vaches paissent au loin. Quelques palmiers près de nous, tristes et isolés; les ardeurs du soleil sont encore plus vives; plus de sources, plus d'ombrages; un seul puits, Bir El Arbain, le puits des quarante voleurs. Une dernière maison avant la *Khanga,* le fondouk Affaïd ; un fumeur de *Kiff* * y allume sa pipe, en tire quelques bouffées; les yeux hagards, le teint empourpré, il demande au narcotique l'oubli du présent et l'ivresse de l'imagination. Le narcotique lui donnera aujourd'hui des rêves dorés, demain des hallucinations et bientôt la mort.

La *Khanga*, fourré épais de thuyas, bosselés et écornés, d'oliviers maigres et rabougris, de lentisques odorants d'un vert sombre, est longue, sablonneuse, accidentée et sauvage. Le général Kheir-Eddine, un des ministres intelligents de la

* Poudre de chanvre.

Régence, avait placé dans la *Khanga*, ancien repaire de brigands, des familles de métayers sûres, les autorisant à avoir des chèvres et à faire du charbon. Les brigands depuis ont disparu ; ils servent de bergers à leurs gardiens et épousent leurs filles.

Des chameaux du Djerid chargés de dattes passent devant nous. Ils gravissent péniblement les montées de la *Khanga*, rendues glissantes parles derniers orages. Sept hommes armés escortent le convoi. Leur chef est à cheval. Ils vont à Tunis échanger leurs dattes contre des étoffes ou du sucre.

Plus loin quelques Gabèsiens nous saluent au passage. Ils sont sans chapeau, sans chaussures ; une chemise, un pantalon et un bâton noueux, forment leur garde-robe et leur arsenal. Ils viennent des montagnes du Sud de la Tunisie, frontière Tripolitaine.

« Les Djebels des Beni Tesren et Nufusa, » dit Léon l'Africain *, distantes de Djerbah et de Sfax d'environ trente milles, » sont hautes et froides. Leurs habitants » sont réputés pour hérétiques par les » pontifes de Kairouan, et ils vont exercer tous les métiers mécaniques pour » gagner leur vie. »

Aujourd'hui encore, ces Musulmans, dits Gabèsiens, Berbères d'origine, doux, intelligents, aimant la terre, viennent travailler à Tunis comme portefaix, dans les campagnes comme journaliers pour la taille des oliviers, ou pour les moissons. Honnêtes dans une certaine mesure, se considérant comme bien supérieurs aux Arabes, sobres, ils arrivent à économiser,

* Léon l'Africain, description de l'Afrique. Léon l'Africain est un auteur arabe, né à Fez, au Maroc, au XVIe siècle, qui a parcouru tout l'Afrique jusqu'au Soudan ; il se convertit au catholicisme à la fin de sa vie, et a laissé une relation de ses voyages qui fournit les documents les plus sérieux sur son époque.

en quelques années, un capital de plusieurs centaines de francs, qu'ils ont hâte aussitôt d'apporter à leur père pour l'achat d'un jardin ou d'un morceau de terre qui complètera le bien de la famille.

Le soleil est déjà avancé dans sa course; l'air est plus frais ; le cœur plus joyeux espère toucher au but prochainement. J'entends les mugissements de la mer ; le dernier seuil franchi, la mer immense se développe aux yeux ravis, depuis Nebeul jusqu'à Herglah ; près du golfe apparaît le fondouk de Bir Loubit, masse blanchâtre au bord de la mer au milieu des caroubiers.

Nebeul, l'ancienne Neapolis, célèbre par la douceur du climat, par ses jardins embaumés, par ses poteries et par la beauté de ses citoyens. Un chroniqueur raconte à ce sujet que tous les Arabes de la ville étant déclarés bons pour le service, partent pour la conscription et laissent les jeunes filles sans épouseurs.

J'arrive au fondouk ; l'honorable aubergiste vient à ma rencontre, me prend les mains, me vante les beautés du site, et les charmes du paysage. Je lui demande incidemment s'il a un dîner de prêt, et une chambre disponible : « *El Koul aderbache* » tout est prêt, me fait-il, tout est à ta disposition. On me sert aussitôt des tomates crues, des poivrons secs, des œufs durs et du pain d'orge. Je me hâte après ce frugal repas de regagner mon appartement. J'avais la chambre d'honneur au premier étage. Pas de vitres aux fenêtres pour se garer du vent et de l'humidité ; pas de fermetures aux portes pour se débarrasser des importuns ; un matelas pour lit sans draps et sans coussins. Malgré tout, je fis un bon somme.

Au matin, dès l'aube on m'apporta la note, qui à ma grande stupéfaction s'élevait à six francs. Je demandai quelques explications au gérant qui me fit de longues dissertations sur la façon d'extraire l'essence des roses et des jasmins, et qui en fin de compte, ajouta poliment que l'on ne saurait trop payer une aussi belle nature, l'argent ne pouvant pas être comparé à un beau coucher de soleil.

Je réglai ce poète aubergiste suivant son désir et continuai ma route vers l'Enfida.

VI

UNE FERME
DE CENT MILLE HECTARES

Le grand fermier Tunisien : Mangiavacchi. — L'Enfida au temps des Romains. — La vie des tribus nomades : les Ouled Saïd, et celle des tribus sédentaires : les Zéribiens et les Djeradi. — Panorama de Takrouna. — Un pont parasol. — Travaux de la Société colonisatrice. — Irrigations d'hiver. — Captation des sources. — Reboisement et gazonnement. — Création d'un grand vignoble. — Le temple de Bacchus. — Avenir de l'Enfida.

A une lieue de Bir Loubit, après avoir franchi le pont de l'Oued Kénatir, on entre dans le territoire de l'Enfida.

Longue de quinze lieues, avec des largeurs variant de dix à quarante kilomè-

6

tres, la propiété de l'Enfida représente une superficie cultivable de cent mille hectares. Elle a ses angles à proximité des villes d'Hammamet, Zaghouan, Kairouan et Sousse; son centre principal est le grand village de Dar-El-Bey.

On connaît l'histoire de son achat. Le général Tunisien, Kheir-Eddine, ancien Vizir du Bey, Mohamed Es Sadok, reçut ce vaste domaine, bien de la couronne beylicale, à titre de cadeau, en reconnaissance des nombreux et loyaux services qu'il avait rendus à la Régence.

A Tunis, à cette époque, les révolutions étaient fréquentes; les Vizirs, maires du palais, possédant quelques années une puissance illimitée, étaient bientôt par caprice ou par crainte, précipités du faîte des grandeurs, dépossédés de leurs biens, réduits à l'indigence, ou trop souvent assassinés.

Kheir-Eddine prévut à temps son heure

de disgrâce, et se réfugia à Constantinople où il devint dans la suite grand Vizir, et résolut alors de se débarrasser des biens qu'il possédait dans la Régence de Tunis où il ne devait plus revenir.

La Société Marseillaise acheta tous ses biens, dont le plus important était le domaine de l'Enfida, au prix de trois millions de francs.

Je n'entrerai pas dans tous les détails du procès que suscita cette acquisition, de toutes les subtilités de la loi musulmane que mirent en avant l'entourage du Bey et quelques créatures payées à cet effet pour empêcher cette vente, et arrêter ainsi l'essor français dans la Régence.

Kheir-Eddine était au courant de la législation en vigueur en Tunisie. Le Président de la Société Marseillaise, M. Albert Rey, esprit supérieur, qui avait courageusement entrepris cette affaire, tint bon. Son mandataire, M. Henri Chevallier-Rufigny, homme intègre, esprit fin, très-intelligent, rompu aux lois, ne craignant pas la peine pour arriver à la solution d'une question qu'il considérait justement comme patriotique, fort de son droit, parvint à ses fins, et après bien des péripéties, des départs forcés, des jugements contradictoires, la Societé Marseillaise demeura, suivant les lois du pays, propriétaire légitime et sans restrictions du territoire de l'Enfida.

La Compagnie Franco-Africaine créée en vue du développement de l'agriculture en Tunisie date de ce jour.

On avait de grands domaines, de forts capitaux, il fallait agir.

Après bien des essais, de longs tâtonnements, le Conseil qui préside aux destinées de l'Enfida résolut d'y mettre une tête pour diriger sur place et exploiter rationnellement cette vaste propriété.

L'élu du Conseil fut Mangiavacchi. Robuste, actif, dans la force de l'âge, Mangiavacchi représente le type du grand propriétaire américain, avec la parfaite urbanité en plus.

Parlant les langues du pays, mais surtout connaissant à fond le caractère des Arabes; l'esprit souple, sachant à un moment donné écouter la plainte de la victime et lui rendre justice, à une autre heure, intimider le coupable; lisant au fond de ces esprits primitifs; reconnaissant leurs mensonges et leurs tours; appréciant leurs qualités; il est arrivé en peu de temps à repeupler l'Enfida avec les tribus des Ouled Saïd, les Zlass et du Trabelsi qui, lors de la dernière insurrection de 1881, étaient partis pour la Tripolitaine, et à se faire aimer et craindre des Musulmans, qui se sentent parfaitement compris par lui.

Esprit large, sans idées préconçues, il

s'adresse à toutes les lumières et il ne néglige rien pour mettre en branle les rouages d'une aussi puissante administration.

Aujourd'hui à Tunis, demain à Kairouan, pour les besoins de l'affaire ; il va pour chercher les colons, ou visiter des vignobles en Sicile, à Malte, en Provence, à Oran. D'une puissante mémoire, il se délasse le soir des fatigues de la journée, au milieu d'une famille respectable et distinguée en lisant à sa femme les quelques belles pages de Saint-Augustin, et en apprenant à son jeune fils Eric, les poètes latins, Horace en particulier, dont il sait par cœur des odes entières. Il voyage, lit, envoie chaque semaine des mémoires in-folio à Paris; dicte à la fois à deux secrétaires, tout en intervenant dans les discussions indigènes qui viennent en grand nombre dans son bureau, et sait toujours faire passer quelques heures agréables à ses hôtes.

La véritable organisation de l'Enfida, date du moment où Mangiavacchi a été mis à la tête des affaires.

La première fois que je visitai ce domaine, j'étais avec lui; devant moi se déroulaient des montagnes sur trois plans différents; la mer était à mes côtés, j'apercevais des plaines immenses dans le lointain. Émerveillé, je lui demandai si tout ce que je voyais faisait partie de la propriété : « *zied chouia*, ajoute, me fait-il. » Nous marchons, nous franchissons les premiers côteaux, toujours des plaines, des jardins, des torrents, nous arrivons fatigués, exténués aux rochers Souatirs après une demi-journée de marche, et nous n'étions pas encore aux extrémités de l'Enfida.

On m'avait parlé de trésors, de mines, je les cherchais des yeux. « Les mines, les » trésors, me dit Mangiavacchi, sont ces » plaines que vous voyez. Dans ce vaste

» territoire, qui correspond à un petit dé-
» partement français, il y a de la place
» pour tout le monde, il y a des terres pour
» toutes les cultures. Les grandes plaines
» du Sud, de Lagger, de Sidi Abd-El-Goui,
» du Menzel, seront affermées à nos kham-
» mis ou paysans arabes, une fois alloties
» et divisées. Celles de l'Oued Boul irri-
» gables seront converties en prairies na-
» turelles. Les plaines de l'Oued Schera-
» chier, depuis les coteaux de Takrouna,
» jusqu'au lac Sidi Kalifa, situées à pro-
» ximité des bâtiments de Dar-El-Bey,
» formées par des terres d'alluvion pro-
» fondes, seront converties en vignobles
» qui, se développant jusqu'aux coteaux
» de Chegarnia à terre rouge ferrugi-
» neuse, nous donneront des vins de
» choix. Les terres plus au Nord, riches
» en puits et en sources, situées près
» d'Hammamet, seront vendues aux Eu-
» ropéens, suivant leurs désirs et leurs

» conditions de fortune. La partie montagneuse nous donnera des orges dans les
» petites vallées qui la découpent, des bois
» de placage par ses thuyas, du charbon
» par ses lentisques, de l'alfa dans ses plateaux. Peu à peu par la douceur et la
» bienveillance, par des avances pécuniaires, nous gagnerons la confiance des
» indigènes, populations opprimées jusqu'à ce jour, et qui trouveront, sous
» notre paternelle mais énergique administration, la justice et la sécurité, et
» nous rendrons à l'Enfida les seize mille
» Arabes qu'elle contenait à l'époque de
» Kheir-Eddine. A l'ouvrier indigène,
» grossier, nous adjoindrons un élément
» plus civilisé, connaissant mieux l'agriculture ; le Provençal et le Sicilien pour
» la vigne ; le Maltais et l'Espagnol de
» Valence pour les cultures irriguées.

« Nous construirons d'abord la maison
» de Dieu, une église catholique pour notre

» personnel Européen; des bordjs pour
» nos intendants ; des habitations dans
» les montagnes pour les gardes forestiers;
» nous creuserons des puits, nous ferons
» des plantations d'arbres ; nous utilise-
» rons les eaux d'hiver et dans peu d'an-
» nées l'aspect de l'Enfida aura changé de
» fond en comble et sous la domination
» française, ce pays verra les beaux jours
» de la Byzacène romaine. »

Ce programme a été suivi de point en point, mais avant d'en faire connaître plus intimement les détails, il sera bon de jeter un coup d'œil sur le passé Romain de l'Enfida.

La Tunisie est la terre des ruines Romaines par excellence. La douceur du climat, la fertilité du sol, la beauté du ciel, la proximité de la Sicile, ces divers motifs avaient déterminés un grand mouvement vers les deux provinces Romaines, la Zeugitane et la Byzacène qui correspondent à la Tunisie actuelle. L'Enfida qui représente la partie la plus riche de la Byzacène avait attiré particulièrement les colons et les rentiers. Si nous reconstituons son passé à l'époque des empereurs, à l'aide des ruines considérables qui subsistent encore et des Auteurs qui en font mention, nous pouvons y admirer plus de quinze cités anciennes qui renfermaient au moins, chacune d'elles, dix mille habitants.

Elle avait ses châteaux forts : Battaria dans les montagnes avec ses sources et ses bois, Battaria (*Oppidum Battariense*) célèbre dans les fastes de l'histoire par un de ses évêques Donatistes qui assista au concile de Carthage ; Ulisiperra avec son aqueduc qui allait capter les eaux de El Garzy ; Aggerzel, au pied de Takrouna ; Thac, l'image la plus parfaite de la ruine, avec ses tours et ses remparts ; Aphrodisium, aujourd'hui Sidi-Kalifa, dans un site ravissant, à une demi-lieue du golfe, Aphrodisium qui montre encore avec orgueil sa porte triomphale dorée par les siècles, et son temple de Vénus, Aphrodisium, la ville des riches et des sybarites, près laquellle s'étendaient les fameux jardins de Grassi, où Bélisaire fit reposer ses troupes quand il vint combattre les Vandales.

Les Romains venaient en Tunisie pour vivre longtemps et mourir tranquilles; on y voit des épitaphes signalant des existences de cent vingt, cent trente ans; l'Enfida était alors la patrie des centenaires.

Pratiques, industrieux, ils avaient tiré un excellent parti du pays. Ils avaient tracé des routes qui se reliaient aux grandes voies de Carthage à Hadrumète, aujourd'hui Sousse, et d'Hadurmète à Zaghouan, ils avaient créé de beaux jardins auprès de sources, dans les plaines ils avaient élevé des villes, dans les montagnes des réduits fortifiés, et sur tout le territoire un grand nombre de fermes. La plus petite maison de paysan, isolée dans la plaine, avait son aqueduc couvert qui allait souvent bien loin prendre sur les coteaux l'eau de source fraîche et pure. Les eaux des rivières étaient captées pour les irrigations ; j'ai vu des restes de barrages considérables établis pour la dérivation des eaux. Aussi ces terres d'alluvion, naturellement fertiles, bien arrosées, bien amendées par les limons de rivières, donnaient des rendements qui, au dire de Pline, n'étaient pas inférieurs au 150 pour 1, fournissaient des prairies et par suite du bétail, des grains qu'on envoyait à Rome, des vins qu'on expédiait dans tout l'Empire, des huiles qui allaient en Egypte. L'Enfida d'alors ne comptait pas moins de cent mille habitants.

Après les Romains sont venus les Vandales, puis les Byzantins, et enfin les Arabes au VIIIe siècle.

Ces derniers mettant tout à feu et à sang, détruisant les villes qu'ils trouvaient sur leur passage, brûlant les arbres, faisant sauter les ponts, opprimant les populations Berbères catholiques, et les contraignant à embrasser l'Islan, saccageant tout, ne faisant aucun travail d'entretien, laissant tout tomber en ruines, sans organisation, avec un gouvernement despotique, inintelligent et impuissant à réprimer les révoltes, ont amené ce riche pays dans la situation lamentable où on pouvait le voir en 1881, lorsque nous y sommes venus pour la première fois.

Les montagnes en grande partie dénudées ; les sources obstruées, les jardins disparus ; les eaux devenues sauvages, mal dirigées, changeant chaque année de lit et empêchant ainsi les cultures ; les canaux rompus ou ensablés ; fort peu de constructions ; des terres mal travaillées sans assolements ; des engins de travail grossiers ; les puits eux-mêmes bouchés ; une population agricole misérable, peu abondante, se faisant une guerre intestine continuelle ; tel était le triste aspect du riche domaine de l'Enfida.

Les populations qui l'habitaient et qui l'habitent encore appartiennent à deux grandes familles : les tribus nomades des plaines, les *Ouled Saïd*, les *Mahdba*, les *Neffatta*, les *Souassi*, les *Zlass*, les *Trabelsi* et les tribus sédentaires de *Djeradou*, de *Takrouna* et de *Zériba*, qui vivent dans leurs villages de la vie des Kabyles, avec lesquels ils doivent avoir la même origine.

La tribu la plus importante est celle des Ouled Saïd, qui vit depuis plusieurs siècles sur le domaine de l'Enfida.

Marmol * dès le XVIe siècle en fait

* Marmol, né à Grenade, suivit Charles Quint en Afrique, assista à la prise de Tunis, fut fait prisonnier et resta sept ans en captivité chez les Arabes ; il alla jusqu'au Saquia El Hamra, aux confins de la Guinée. Il a laissé une description de l'Afrique fort intéressante, qui a été traduite en français par d'Ablancourt (1667).

mention : « Les Ouled Saïd errent entre » Tunis et Kairouan et vont jusqu'au dé- » sert, composent une infinité de villages, » entrent au service des rois pour de l'ar- » gent, sont très puissants ; quelques-uns » vont faire le commerce jusqu'au pays » des nègres, ils sont plus de cinquante » mille hommes de combat, presque tous » à pied. »

Schaw, chapelain anglais (1743), qui a laissé un livre remarquable sur la Tunisie, dit également que la plaine de Hammamet à Herglah est cultivée par les Ouled Saïd.

Alphonse Rousseau les cite dans *Les Annales Tunisiennes* et Pellissier dans sa description de la Régence (1853) leur consacre le passage suivant : « Les Ouled » Saïd furent une des tribus qui luttèrent » avec le plus d'acharnement contre la » domination turque ; ils ne comptent » plus que cinq cents cavaliers ; la tradi-

» tion rapporte que les Maltais, dont
» l'origne arabe est incontestable, des-
» cendent des Ouled Saïd.

Les Ouled Saïd, comme le mentionne Rousseau, se subdivisent en six fractions :
« Les Ouled Daoud au nord de Sidi Bou
» Ali et de l'enchir Zembra, les Ouled
» Aoun à l'ouest, les Ouled Amar vers
» Satour, les Ouled Messaoud vers Bir
» Hajar, les Ouled Abdallah au sud de
» Takrouna et les Ouled Tiba, près de
» l'Oued Boul. »

Comme aux siècles passés, leur plus grand bonheur est la bataille ; quand ils n'ont pas de motifs sérieux, ils s'en créent ; quand le combat sérieux est impossible, ils ont le combat pour rire, la *fantasia*. Ils ont conservé les qualités distinctives de leur race : l'hospitalité, la générosité, le respect de la foi jurée, l'honnêteté dans les rapports commerciaux. Au moment de l'occupation française, les Ouled Saïd qui avaient déjà loué des terres de l'Enfida aux nouveaux propriétaires prirent une part active à l'insurrection, et après une ou deux batailles, où ils furent vaincus complètement, partirent pour la Tripolitaine. L'aman donné, ils revinrent à l'Enfida et eurent pour premier soin de venir payer leurs fermages, bien que toute trace de comptabilité eut disparu.

Menteurs à leurs heures, ils sont voleurs à d'autres; avares et prodigues à la fois, ils dépensent leurs économies d'une année en un seul jour pour la fantasia; prêts à donner leur vie pour leurs hôtes, comme je pourrai en citer un exemple personnel plus loin, ils ont l'imagination enfantine, croient aux génies et aux sorciers, croient surtout à l'argent et à la force, et en cela les Ouled Saïd ont encore d'autres parents que les Maltais.

Vivant principalement sous la tente dans les plaines de l'Oued Boul et de Lagger; travaillant au moment des labours et des récoltes ; se reposant le reste du temps; laissant à leurs femmes les soins du ménage, la fabrication du beurre et du couscoussou ; leurs tentes en poil de chameau sont rangées en cercle avec les troupeaux au centre et les chevaux attachés au piquet sur les bords. Ils dressent leur campement une année près d'un lac, une autre près d'un puits, mais ils reviennent toujours dans la région des cimetières où reposent les cendres des ancêtres ; ils passent la journée à entendre des contes merveilleux et se plaisent à narrer leurs exploits dans leurs anciens combats contre les Zlass.

Les Ouled Saïd et les Zlass ont eu leur guerre de cent ans ; on voit dans la région des puits du Menzel des centaines de maisons démolies, qui étaient autrefois les demeures des Zlass. Ces derniers, vaincus par les Ouled Saïd, n'existent plus qu'en faible minorité sur le territoire de l'Enfida, et se sont retirés du côté de la Djebebina.

« Connais-tu, me faisait un Caïd *
» des Ouled Saïd, le motif de notre
» guerre et de notre haine? Un Zlass, au
» siècle dernier, a osé demander en ma-
» riage une Saïdienne, et les parents de
» la jeune fille y ont consenti, les misé-
» rables! Nous les avons chassés honteu-
» sement, et depuis ce temps nous som-
» mes en guerre; car il ne sera jamais dit
» qu'une Saïdienne aura épousé, du con-
» sentement de la tribu, un Zlass. »

Dans certaines villes industrielles de France j'ai pu observer deux aristocraties rivales ; les laines et les vins; dans les plaines de l'Enfida j'en ai trouvé deux autres : les Ouled Said et les Zlass.

Les tribus des Trabelsi vivent surtout du côté des Souatirs; elles sont originaires

* Chef.

de la Tripolitaine, et pour ce les Trabelsi se croient tous cousins germains du grand Turc *.

Les Neffata, originaires de Gafsa, habitent les environs de Dar-El-Bey; plus pratiques que les autres, ils sont employés par la Société aux travaux des vignes et des oliviers, au fauchage des prés et aux routes.

Les Mahdba, originaires de Sfax, sont établis à l'Enfida dans la région d'Aphrodisium et de Ain Hallouf depuis un siècle ; ils ont de grands troupeaux de chèvres et de moutons, et font sonner bien haut le nom de leur ancêtre, le Cheikh Sidi Mahdeb.

Tout autre est la population des villages. Leurs habitants, vivant dans des maisons bien bâties, couvertes en terrasses portant une croix bleue sur le front qui dénote une origine chrétienne,

* La Tripolitaine relève de la Turquie.

restent perchés sur leurs hauteurs inaccessibles, dont les versants couverts de cactus gigantesques, ne laissent qu'un chemin pénible, à rampe raide, garni de quartiers de rochers sur les bords, prêts à être roulés sur les assaillants en cas de guerre.

Ils sont en général riches, dépensent peu, cultivent les terres près de leur village, arrachent l'alfa*, travaillent les oliviers dont ils extraient une bonne huile. Chacun de ces villages a son prestige. Zériba, près de la grande montagne du Zaghouan, à une demi-lieue de la source chaude d'Hammam-Zériba, a ses habi-

* Quoique courte, l'alfa de l'Enfida par sa finesse est très-appréciée à Sousse. Elle est expédiée en Angleterre, où elle sert à la fabrication du papier; chaque tonne d'alfa donne la moitié de son poids en papier.

Selon M. Jus, le papier de qualité supérieure que fournit l'alfa, ne serait qu'une de ses moindres applications. La pâte d'alfa étant solide, incombustible, inaccessible aux insectes pourrait servir à la confection des vêtements et des briques.

tants originaires, à leur dire, du Saquia El Hamra, contrée fort éloignée de la Tunisie, comprise entre le Drah et le Sénégal. Les gens de Zériba sont renommés pour leur laideur, la petitesse de leur taille et de leur esprit, ce qui me paraît dû à leurs mariages entre parents depuis plusieurs générations. L'adage suivant est en vigueur dans la contrée : « On peut être plus lourd que le Zaghouan, on ne peut pas l'être plus qu'un Zéribien. » Le cheick du village, petit homme plein d'artifice, me montra un jour, avec une bien vive satisfaction, un certificat d'incapacité que lui avait délivré un officier Français, qui déclarait dans cet écrit, que notre Cheikh était tout-à-fait remarquable par sa faiblesse d'esprit. Le Cheikh, qui ne connaissait pas notre langue, me fit observer que ce témoignage serait pour ses petits-neveux un précieux document.

Les fils de Djeradou, forment l'élément

artiste du pays. Ils fournissent le personnel des orphéons indigènes, celui des sorciers et celui des Aissaouas de campagne.

Un vendredi matin, le comte Jules de Foucault, l'intelligent et distingué secrétaire général de la Société, à Paris, alors en mission à l'Enfida, me fit assister à Djeradou à une représentation d'Aissaouas.

En haut du village, dans une chambre attenant à la Kobba d'un Santon célèbre, Abd El Kader, se tenait le chef de la confrérie, vieillard respectable, en robe rose qui caractérise sa puissance. Entrent les Aissaouas se donnant le bras. Le Cheikh récite quelques versets du Coran, les fidèles agitent la tête, se tenant étroitement serrés dans leurs mouvements d'avant en arrière, ils poussent des cris rauques : Allah ! Allah ! Le cheikh parle plus vite, les physionomies des Aissaouas s'agitent, leurs mouvements deviennent plus

APHRODISIUM (Enfida)

HAMMAM ZÉRIBA (Enfida)

saccadés ; ils enlèvent chechia, burnous, gandourah, chemise et ne gardent que le pantalon serré aux genoux ; le cheikh continue à les exhorter; enfin, après une heure de prières et d'exclamations; alors qu'ils sont arrivés au paroxysme de la surexcitation, le cheikh leur crie : « Allez, dévorez ce que vous trouverez. » Aussitôt, comme des fauves, les yeux sortant des orbites, les cheveux en désordre, le teint pâle, le corps animé d'un mouvement onduleux, ils se précipitent : les uns sur des morceaux de viande crue, d'autres sur des tessons de bouteilles ; d'autres se roulent à moitié nus sur des lits de feuilles de cactus vertes à pointes nombreuses, longues, aigües, qui leur entrent dans les chairs de toutes parts, et font monter des hommes sur leur poitrine afin que les épines pénètrent plus intimement dans leur corps, à l'effet d'étonner davantage la souffrance.

Les Aissaouas font partie d'une confrérie religieuse disséminée dans toute l'Afrique. Leur fondateur est enterré à Mequinez*. Chacun dans cet ordre à ses goûts spéciaux : l'un préfère la viande crue ; l'autre les scorpions ; celui-ci le verre pilé ; celui-là le matelas vert. L'état nerveux dans lequel ils se trouvent après leurs mouvements saccadés décuple leurs forces, et leur permet d'endurer impunément la douleur.

Plus doux sont les habitants de Takrouna, pays renommé pour la bonté de son miel qui a obtenu une médaille d'or à l'Exposition d'Anvers. Les abeilles de Takroun ont été déclarées hors concours.

Les Takrouniens vivent paisiblement dans leur nid d'aigle ; ils font des nattes d'alfa renommées pour leur dessin, et pendant que les femmes font paître les troupeaux, ou vont puiser, au bas du côteau,

* Ville du Maroc.

l'eau nécessaire aux besoins du ménage, ils jouent aux échecs, récitent des poésies légères et montrent dans les beaux jours la lunette du doyen.

De l'observatoire de Takrouna le panorama est sans pareil : devant soi, le clocheton blanc de Dar-El-Bey, qui sort des cactus et des caroubiers; près de l'église, la maison d'administration du Directeur, couverte en terrasses à parapets garnis de vases de Nebeul ; le jardin dont on entrevoit les superbes artichauts; le cellier gigantesque dont les *foudres* ne tuent pas; plus loin, la mer étincelante, agitée, dont l'écume vient former un liseré blanc sur cette plage de sable; au nord, Hammamet avec ses jardins verdoyants; « *Kassr El menara* » *, ancien mausolée, antique phare de mort transformé par l'imagination des Arabes en phare de vie; vers le couchant la masse imposante du

* Mot à mot, le château de la lumière.

Zaghouan, rocher nu, escarpé, miroitant, et ses ramifications Enfidines, les montagnes de Battaria, couvertes de pins, de thuyas et d'oliviers sauvages; plus près, les collines nues, blanchâtres de El Garzi, la cime sombre de Aïn Mdekir; au sud les plaines immenses de Kondar et de Lagger coupées de ravins, séparées par des haies de cactus. Enfin, au loin, si le temps est clair, on distingue le minaret de la mosquée d'Okba à Kairouan, et la porte de la Kasbah de Sousse. Au pied de Takrouna, les cactus s'étalent, se développent sur les grès ferrugineux coquillagés, dont les parois jaunâtres montrent en quelques points leurs fossiles, puis les prairies de l'Oued Boul, où l'herbe haute, drue, verdoyante, pousse de toutes parts.

Ce que l'on peut voir même sans lunette, du haut du rocher de Takrouna, en dehors du spectacle que présente le ciel de Tunisie, qui par la variété de ses teintes, les jeux de lumière de son soleil, avait tenté les anciens, et avait fait de ce territoire leur pays de prédilection, ce que l'on peut voir, dis-je, c'est le mouvement qui anime tous ces environs, morts il y a encore peu d'années, c'est la vie qui éclate de toutes parts, c'est le travail intelligent des Français qui féconde ce pays pour lui rendre sa richesse d'autrefois.

Les Romains avaient tout d'abord exécuté dans la Byzacène des chemins, des ponts et des barrages. C'est également de ce côté que s'est portée en premier lieu l'activité de la compagnie colonisatrice de l'Enfida.

On connaît les travaux publics des Arabes. Un jour une chèvre trace un sentier ; le lendemain, une vache y passe ; le surlendemain, un voyageur y engage son cheval ; le jour suivant, le sentier de la chèvre, sinueux, revenant sur lui-même, étroit, coupé d'arbres est devenu route nationale.

Pour aller d'un point à un autre, en plaine, alors qu'il n'y a ni obstacles, ni maison, ni ruisseau, le Tunisien suivra toujours un chemin en lacet ; s'il est pressé il ira au galop mais jamais en droite ligne.

Cet esprit de fantaisie préside aux destinées des ponts musulmans. A l'époque romaine, les ponts relevaient des pontife, au moyen-âge, ils étaient sous la surveillance des confréries religieuses. Les Musulmans ont bien des pontifes, des confréries religieuses et pourtant l'idée de ponts est bien dégénérée chez eux. Pour s'en convaincre, on n'a qu'à considérer le pont dit de Kairouan lancé sur la rivière sud de l'Enfida, Oued Boghal. Ce monument n'est pas un pont isolé, c'est toute une famille de ponts, on franchit une arche qui vous mène sur l'autre rive, on croit aborder, non, une seconde arche vous reconduit sur la rive primitive, une troisième enfin, élevée par un architecte compatissant vous permet d'arriver à destination.

Les Arabes me vantaient l'avantage de cette construction qui, par ses contours sinueux, fournit de l'ombre à toute heure au passant. Ce chef-d'œuvre de l'art arabe devenait ainsi un pont parasol.

Après avoir tracé de grandes routes, les avoir bordées d'arbres, après avoir creusé des fossés sur leurs côtés, pour empêcher en hiver l'émiettement du sol, et les avoir empierrées aux endroits dangereux ; après avoir édifié des ponceaux sur les torrents et lancé des ponts en bois sur les grandes rivières, Mangiavacchi est arrivé à mettre l'Enfida en communication normale et carrossable avec la grande voie de Tunis à Kairouan et avec le poste militaire de Zaghouan.

Sous peu d'années, le chemin de fer de

Tunis à Sousse qui traverse ce territoire sur une dizaine de lieues, aura au moins trois gares dans le domaine.

Pouvant circuler avec sécurité dans la contrée, les Européens pouvant y venir en voiture, les pensées de la Direction se sont portées du côté de l'utilisation des rivières.

Les plaines de l'Enfida reçoivent toutes les eaux de la partie montagneuse de la propriété ; mais en plus les versants Est du Zaghouan, les massifs de Sidi Zidet, et de Sidi Labed déversent leurs eaux dans l'Enfida par cinq grandes artères, l'Oued Remel au Nord ; l'Oued Castiar, l'Oued Barek et l'Oued Boul au centre ; l'Oued l'Hallem au Sud.

La pluie y tombe par averses en automne et en hiver ; les eaux dès le mois de novembre arrivent rapides, groupées, réunies en masse, abondantes et limoneuses, au seuil des côteaux à la naissance des plaines, prêtes comme autrefois à raviner, à ensabler, à détruire, ou à croupir dans les bas-fonds. Aujourd'hui, grâce aux travaux accomplis, aux barrages élevés aux bons endroits, elles se divisent dans les grands canaux tracés sur les lignes de faîte qui brisent leur force vive et vont se distribuer régulièrement dans les champs voisins et enrichir la terre de leur précieux limon.

Dès que, comme un coup de pistolet, l'Oued Boul arrive avec fracas dans la plaine, une commotion s'empare des cultivateurs qui se précipitent les uns à cheval, les autres à pied, auprès des canaux avec des pioches pour étendre l'eau et des poignards pour défendre leur vanne ; ils restent tout un jour et quelques fois plus, les bras en travail, la figure épanouie, les yeux béants fixés sur cette terre qui leur donnera de belles moissons. Il n'est pas rare en effet de voir les *cherab* (terres irriguées) donner un rendement de quarante pour un pour le blé.

Ces canaux d'arrosage ont permis, en outre, la création de prairies naturelles qui donnent des fourrages renommés dans la Régence.

De plus, pour éviter les inondations, pour rendre aux torrents l'ancienne régularité de leur régime, on a pris dans les montagnes de l'Enfida de sages mesures consistant dans un gazonnement sur les côteaux menacés, dans des semis d'arbres, pins d'alep et thuyas, sur les versants les plus maltraités par les indigènes; on a délimité le pacage des chèvres qui font un mal considérable à la végétation forestière, et qui avec les incendies ont été les deux grandes causes du déboisement et par suite de la diminution des sources.

Le débit des sources est en partie proportionnel au boisement des montagnes; sur une pente non boisée, non gazonnée, es eaux de pluie ravinent et vont immédiatement au fond de la vallée ; dans le cas contraire, elles filtrent, pénètrent dans le sol, suivent un cours sinueux et alimentent régulièrement les sources et les fleuves.

J'ai vu près de Battaria plusieurs aqueducs aboutissant à des sources qui ont conservé leur ancien nom romain, mais qui ont perdu leur eau, du fait du déboisement.

Il ne reste en effet en ce lieu que de rares bouquets de thuyas ou de chênes-lièges. Le thuya est un bois d'un grain fin et homogène qui se conserve merveilleusement et fournit à l'ébénisterie ces bois de placage de nuances riches et variées qui chez les Romains atteignaient des prix fabuleux.

On a capté les sources gazeuses de El-Garzi, assaini les marais de Battaria, et remis en état à l'usage des indigènes les bains chauds d'Hammam-Zeriba.

Ce site de l'Hammam-Zeriba est sauvage. Le ravin, où se précipitent en cascade les eaux froides du torrent qui se mêlent aux eaux chaudes de l'Hammam, coupé par des barrages naturels préhistoriques, étale les lauriers-rose dans son lit, sur ses bords des lentisques sombres, et montre avec orgueil, auprès de la coupole arabe, son Portique romain encore debout.

Près des sources, près des prairies, ont été élevées des maisons de gardes, pour la surveillance et au besoin pour l'abri des troupeaux. L'amélioration de la nourriture a amené de sensibles perfectionnements dans la race bovine. Les vaches sont de petite taille, mais à tête fine, bien conformées et près de terre. Les moutons donnent aussi de grands revenus, malgré les épizooties qui enlèvent certaines années près de la moitié du troupeau. Le mouton de Tunis à grosse queue qui fournit aux gourmets musulmans un morceau de choix pour le couscoussou, donne une laine estimée dans le pays.

Pour réunir et souder ces divers éléments, pour constituer un centre effectif, la Direction de l'Enfida a établi un marché qui se tient tous les lundis à Dar-El-Bey.

Le dimanche soir, les marchands arrivent ainsi que les cultivateurs; les uns apportent de Tunis des étoffes, des miroirs, des bougies, du henné pour teindre les ongles, *du Khol** pour faire briller les yeux; les Kairouanais montent des tentes où ils étalent leurs tapis; les Nebeli expédient leurs poteries; les Soussi les provisions de bouche; les paysans, leur blé, leur orge, leur millet; les jardiniers leurs fruits; les éleveurs amènent les bœufs, les maquignons leurs chevaux. Cette foule bariolée, active et remuante, se porte aussi vers la boutique du sorcier qui fait

* De l'antimoine.

8

ses tours et montre, non des grosses femmes, mais des serpents; et vers le café indigène où l'on donne aux montagnards pour quelques centimes un grand verre d'eau de seltz qui résume pour eux la quintessence de la civilisation.

Les transactions s'opèrent, les dettes s'acquittent, les prêts se contractent, et la vie agricole prend ainsi chaque semaine une nouvelle extension.

Développant, en les perfectionnant, les cultures des céréales chez les Arabes, augmentant la production de la viande par celle des fourrages, la Compagnie a fait appel aux Européens, Provençaux et Siciliens pour la plantation de la vigne.

Le vignoble de Dar-El-Bey, agrandi chaque année, ne couvre pas moins aujourd'hui de trois cents hectares; il a été établi sur des terres d'alluvion, argilo-sableuses en plaine. Les champs débarrassés des jujubiers sauvages, dont les racines s'étendaient fort loin et fort bas, ont été labourés, hersés et défoncés par des charrues brabançonnes, dont l'attelage composé de vingts mulets, faisait mentir par son ardeur le proverbe de la Camargue qui dit que : « Les mules mêmes reconnaissent quand elles travaillent pour les Sociétés financières. » La plantation des ceps originaires d'Algérie s'est effectuée à la barre à mine, suivant le mode en usage en Sicile, qui consiste à faire un trou profond, à y engager le cep, à y verser de l'eau avant de le recouvrir de terre.

Dès la troisième feuille chaque hectare a fourni près de vingt hectolitres d'un vin fort, riche en alcool, qui se rapprocherait du Bourgogne. Et l'on compte dans quatre ans arriver à une production de dix mille hectolitres. Le vin de l'Enfida se vend à Tunis au prix moyen de quarante francs. Toutes les précautions ont été prises dans la construction des chais pour arriver à y maintenir une température inférieure à 23 degrés.

Le cellier avec ses foudres, ses pressoirs, ses murs épais, sa double toiture est bien le temple de Bacchus du XIXe siècle.

Une ville romaine a passé dans les fondations; on parle d'entamer le château Byzantin de Chegarnia pour la distillerie. Les souvenirs de Bélisaire serviront ainsi à conserver la vieille eau-de-vie.

La tonnellerie, la forge, les hangars, les magasins et la cité agricole des ouvriers vignerons, complètent ce gros village de Dar-El-Bey qui sous peu d'années sera une petite ville, et qui arbore le dimanche avec orgueil le drapeau de la France, en même temps que la cloche appelle les fidèles à la prière.

Le vin est le grand avenir de l'Enfida, et les succès obtenus ne sont pas faits pour réduire à néant les espérances conçues a son sujet.

Outre son domaine propre cultivé à ses frais et par son personnel, la Compagnie colonisatrice a vendu une partie du territoire à des Européens, auxquels elle prête ses celliers et auxquels elle laisse une grande latitude pour le paiement des terres, qui ne s'effectue qu'après plusieurs années.

Elle a essayé, mais sans succès, du système des avances en argent aux Maltais. Ces derniers trouvaient bien des prétextes pour se reposer et pour ne pas tirer un parti avantageux des terrains qui leur avaient été confiés.

En résumé, ces divers résultats obtenus montrent ce que peut faire en Tunisie sous le Protectorat de la France, le capital français intelligemment employé dans une grande exploitation agricole.

VII

LE GARDIEN DES DOLMENS

Une vaste nécropole. — Un mystique Musulman : Brigand en deçà de l'Atlas, Saint au delà.

Antérieurement à l'époque romaine, la Byzacène avait une grande importance, témoins les nombreux dolmens qui y sont contenus.

Sur la route de Kairouan, à une dizaine de lieues de Sousse, on aperçoit dans une plaine aride, sur des côteaux pierreux, plus de quatre cents dolmens encore intacts. Ils ont été signalés pour la première fois par les docteurs Rebatel et Tirant *.

Uniformément orientés du levant au couchant, ils sont formés par deux grandes pierres posées debout, surmontées d'une dalle de même dimension, et entourés d'une enceinte de petits matériaux.

Cette vaste nécropole qui s'étend fort loin est la ruine la plus étrange de la Tunisie.

Quelques savants voient dans ses dolmens la trace de l'itinéraire suivi par les caravanes anciennes, originaires des grands plateaux de l'Asie, qui vinrent en Europe par la Phénicie, l'Egypte, les Régences, le Maroc et l'Espagne.

D'autres attribuent la fondation de ces monuments à des colonies de Germains, qui auraient donné naissance à cette race blonde, assez fréquente dans la Régence de Tunis.

Quoiqu'il en soit, ces dolmens, selon

* *Les Docteurs Rebatel et Tirant.* Voyage en Tunisie. Le Tour du monde, 1875.

toute apparence, étaient des tombeaux *. La vie a disparu de cette région âpre et sévère. L'œil n'y aperçoit aucune fleur, l'oreille n'entend aucun chant, les oiseaux, les plantes, les hommes ont abandonné ces coteaux de la mort.

Seule, une petite maison, gourbi couvert de chaume, apparaît dans le bas, c'est l'ancien logement de Amor El Sousi, derviche arabe resté longtemps établi au milieu de ces dolmens dont il était le gardien.

Je le vis pour la première fois alors que je me dirigeais vers le Kelbiah.

En faisant le tour des ruines, j'entendis des exclamations : *Allah Kebar! Allah Kebar!* Dieu seul est grand, et j'aperçus un vieillard se tourner du côté de la Mecque et faire de grandes génuflexions. J'attendis la fin de la prière du « *Fejer* »

* Le docteur Rouire a pratiqué quelques fouilles en cet endroit depuis cette époque, et y a trouvé des ossements et des débris de poteries.

du matin, et j'allais à lui. Il me fit les salutations habituelles et me conduisit dans son modeste ermitage.

Une porte basse, sans serrure y donnait accès. Dans l'intérieur, une natte lui servait de lit; dans un coin, une bouteille d'huile, quelques pains d'orge, des peaux de mouton; sur le mur nu, blanc, un fusil rouillé et un poignard recourbé, la *coumia* du Sous, monté en argent.

Je regardais plus attentivement Amor. Il était petit, maigre, brun, la tête rasée recouvert du turban vert, l'insigne des Schériffs ou descendants du Prophète; l'œil sec mais franc ; le nez fin et droit, la barbe longue et grisonnante. Il était vêtu d'une chemise grossière et d'une gandourah (robe à manches larges) de soie blanche unie et usée; les pieds nus, il tenait un chapelet de buis entre ses mains.

Amor El Sousi était originaire du Sous, près d'Igli ; à la suite de nombreux combats, il avait quitté son pays natal, où son nom est resté légendaire et synonyme d'assassin, et il s'était réfugié en Tunisie dans la région des dolmens. Il me racontait que dans le dernier engagement avec la tribu rivale, il avait de sa propre main poignardé dix-sept ennemis. Le bruit de ses exploits, l'austérité de ses mœurs, sa gravité lui avaient bientôt acquis dans la Régence une grande réputation : Brigand en-deçà de l'Atlas, il était devenu Saint au-delà.

Mystique, la plus grande partie de la journée en prière, dédaigneux du présent, ne prêtant que fort peu d'attention aux choses de ce monde, oublieux du passé, il représentait le type du vrai contemplatif musulman.

Les femmes, les bourgeois, les paysans, les riches venaient lui apporter leurs offrandes, des toisons, de l'huile ou du pain, des œufs et quelques piastres.

Sa vie était monotone et simple, sans incidents et sans trouble.

Ses enfants étaient morts, son jardin avait été détruit, sa maison démolie, sa fortune dissipée; je lui demandai ce qui lui restait encore ?

Dieu, me répondit l'ermite. Ce bien me suffit. D'ailleurs je sens la mort prochaine, mes genoux fléchissent, mon dos est voûté et bientôt j'irai trouver Allah.

Amor mourut peu de mois après; on attacha son corps sur une mule qui, livrée à elle-même, partit au galop dans la direction de la montagne de Sidi Labed et s'arrêta à mi-côte. C'est là où Amor est enterré; on y élévera une Kobba, petit mausolée carré à coupole, sous le vocable de Sidi Amor El Sousi.

Les dolmens ont perdu leur gardien, ils avaient déjà perdu les cendres des Anciens; il ne leur reste que des souvenirs.

VIII

LE LAC KELBIAH

Le plus grand lac d'eau douce du nord de l'Afrique. — Un cheval explorateur et une cane infortunée. — Régime du Kelbiah. — Opinion de Tissot sur le Triton. — Opinion du docteur Cosson sur la Mer intérieure.

J'avais entendu parler du Kelbiah. Je pris des renseignements à ce sujet. Au dire des Tunisiens, le Kelbiah n'était pas même un étang, c'était une mare pleine d'eau saumâtre, qui se remplissait en hiver et demeurait à sec en été.

Ces données ne me satisfirent pas. Je résolus d'aller voir si la mare était vide. Nous étions au 10 juillet 1882. Mangiavacchi me prêta un cheval, de nom Kondar, de robe isabelle, petit, vif, plein d'entrain, de la race des montagnards Djebeli, et me munit d'un guide.

Après avoir traversé les dolmens, la plaine de Menzel, de Lagger et de Sidi Abd El Goui, nous arrivâmes au soir sur les bords du Kelbiah. Le chef de la tribu des Ouled Said m'offrit abri et nourriture. Après une nuit réconfortante, je m'éveille à l'aube. Grand émoi dans le campement, un courrier était arrivé annonçant la venue de 1500 Zlass dans la journée. A cette nouvelle, les tentes sont démontées et les Ouled Saïd s'empressent de céder le champ à leurs ennemis ; le chef seul qui m'avait donné l'hospitalité reste avec son frère, me disant qu'il me suivra partout ; que si un malheur doit me frapper, lui également mourra avec son hôte. Emu de son généreux dévouement, je lui tendis la main, et nous partîmes tous les trois à cheval vers le lac Kelbiah. Arrivés près de la mare, soi-disant salée, Kondar baissa la tête, il avait soif, il but, j'en fis autant, et nous nous aperçûmes que la mare était douce. C'était un premier point d'acquis. Kondar, infatigable, allait toujours en avant; nous traversâmes quelques torrents à sec, nous passâmes près de grands jardins, les Indi Bou Scella, où se trouve sur la hauteur un grand puits appelé par les Arabes *Enchir Scarr,* nous franchîmes l'Oued Lattaf, et enfin après dix heures de marche, nous avions fait le tour du lac. Nous revînmes au point de départ, couverts de sueur et de gloire. Le cheval Kondar avait découvert le Kelbiah; la petite mare saumâtre était le plus grand lac d'eau douce du Nord de l'Afrique. Kondar méritait les honneurs suprêmes; il les a eus depuis. Il a été couronné, en effet, pas que je sache par les Sociétés savantes.

En fait de Zlass, nous avions vu des

oies et des hérons qui n'avaient pas été informés de l'arrivée des pillards.

Je revins au Kelbiah peu de mois après, avec des Ingénieurs, des Géomètres, des théodolithes et autres instruments de précision. Les mesures prises, les lunettes, les alignements frappèrent l'imagination des Indigènes. Les uns croyaient que l'on voulait établir autour du lac un chemin de fer stratégique, d'autres qu'on pensait y amener les eaux de la mer. Quand il fut question des sondages les Arabes me parlèrent d'abîme ; je leur montrai une grande maison à Sousse, ils se mirent à rire ; je leur montrai une colline élevée, ils riaient toujours ; à leur dire le Kelbiah avait plus de cinq cents coudées de profondeur. J'achetai 200 mètres de corde ; l'on trouva 3 mètres 50 à l'endroit le plus profond. Depuis lors, la corde en excès a servi aux ménagères des environs pour étendre le linge, —

et aux amateurs de fétiches. Le suicide n'étant pas en vigueur dans la localité, la corde du Kelbiah remplace avantageusement la corde du pendu.

Dans la plaine de Kairouan se trouvaient en même temps que moi la 7e brigade topographique, composée d'officiers d'État-Major fort distingués et fort aimables, dirigée par le capitaine de Sailly, et un bataillon commandé par M. de Conchy, grand chasseur devant l'Éternel.

La première fois qu'il vint dans ces parages, une cane, qui passait, se leva haute et raide sur ses pattes, dévisagea notre commandant, et après avoir examiné son pantalon rouge, sa barbe blonde et ses beaux yeux bleus, elle ouvrit le bec et dit : « Mes sœurs, ne vous inquiétez pas; il est comme les autres, c'est un artiste. » La gent volatile sourit. La cane était dans l'erreur. Le nouveau Nemrod le soir même envoyait au campement plus de trente victimes ; parmi elles figurait au premier rang l'orateur.

Les précieuses observations qui m'ont été fournies par le capitaine de Sailly, les renseignements des indigènes, mes études personnelles m'ont permis de fixer le régime et l'importance du lac Kelbiah.

Entre le bassin nord de la Medjerdah et le bassin sud des Chotts, se trouve en Tunisie le bassin du lac Kelbiah alimenté par l'Oued Lattaf.

Aux mois de février, mars, si les pluies sont abondantes, l'Oued Lattaf qui prend sa source près de Tebessa, sous le nom d'Oued El Hattab, jette dans le Kelbiah ses eaux abondantes et limoneuses.

Torrentiel dans la montagne, quand il arrive dans la plaine de Kairouan, à pente faible, le Lattaf élargit son lit ; arrêté par le plateau des Indi Bou Scella, il le contourne, entre dans le Kelbiah, alluvionnant les bords sud du lac à une grande distance, et fait monter le niveau des eaux, ordinairement compris entre 17 et 19 mètres au-dessus de la mer. Si les pluies continuent, si le niveau du lac arrive à la cote 20, qui correspond à la ligne des crêtes du Menfès, le lac déborde et jette à son extrémité nord, dans son émissaire, le Menfès, le surplus de ses eaux. Le Menfès, vallée étroite à grande pente, va lui-même, après un parcours de quatre lieues environ, déboucher dans le lac Halk El Mendjel isolé de la mer par le cordon littoral. A ce moment les Arabes et les Maltais remontent en barque depuis la mer jusqu'au Kelbiah pour la pêche des poissons à huile qui s'y trouvent en abondance.

Le lac ne donne en moyenne que tous les quinze ans. Les autres années, le volume d'eau charrié par l'Oued-Lattaf en hiver sert seulement à compenser les pertes dues à l'évaporation d'été.

Orienté du N.-E. au S.-O., ovale, avec une longueur de 18 kilomètres sur son grand diamètre et une largeur de 7, le lac Kelbiah couvre treize mille hectares, et ne contient pas moins de 300 millions de mètres cubes d'eau dans son étiage normal.

Les limons charriés par le Lattaf se déposent au fond du lac, élevant progressivement son niveau.

A l'époque romaine, suivant toute apparence, le lac Kelbiah devait être en communication constante avec la mer, qui formait à cet endroit un golfe profond. Peu à peu, par suite de l'irrégularité des cours d'eau, du déboisement qui a accru les eaux d'hiver de l'Oued Lattaf aux dépens des eaux d'été et augmenté les dépôts de limon, il a dû se former au seuil du Menfès, dans le goulot étroit qui séparait le lac du golfe proprement dit, un barrage provisoire où se sont déposés en grande quantité les limons amenés par les remous. Pour la première fois le lac a été isolé ; l'année suivante le barrage a dû être rompu, les eaux se sont créé un passage et ont élevé le niveau du Menfès ; après plusieurs siècles, après de nombreuses inondations, la vallée du Menfès a été constituée, le fond du lac élevé et le régime actuel du Kelbiah établi.

Les eaux sont douces en grande partie ; en quelques points seulement, au S.-O. près des Indi Bou Scella, elles sont légèrement saumâtres, — mais dans les autres parties du lac, et surtout à quelques mètres du bord, les eaux sont potables, et les Arabes, Ouled Saïd, Fathmass, qui vivent sur ses bords, ne font usage que de l'eau du Kelbiah.

Cette immense nappe d'eau douce utilisée pour les irrigations pourra devenir une source de fortune considérable.

On connaît les démêlés du docteur

Rouire et du regretté M. Tissot, au sujet du Triton des anciens. M. Tissot, avec la plupart des savants anciens et modernes, a placé le Triton dans la région actuelle des Chotts, près de Gabès. Le docteur Rouire fait au contraire du Triton l'ancêtre du Kelbiah.

« Les poètes, les historiens ont placé » bien des fables sur les bords du Triton, » entre autres la naissance de Pallas qui, » de là tirait son surnom de Tritogène. » Pindare y conduit Jason et les Argo- » nautes *. »

M. Tissot, l'éminent savant, qui s'est occupé pendant vingt années de cette question du Triton, qui a fait plusieurs voyages dans les oasis de Gabès pour compléter son étude, après avoir compulsé tous les textes anciens, souvent diffus, quelquefois contradictoires, après avoir

* V. Guérin. (Voyage archéologique en Tunisie, 1860.)

étudié sur place la topographie actuelle et y avoir reconstitué le passé du pays, présente les conclusions suivantes : *

« 1° Le lac Tritonide d'Hérodote et » de Mela est certainement le chott El » Djerid.

» 2° Le cours inférieur du fleuve Triton, » de Ptolémée, paraît être l'Oued Gabès.

» 3° Les trois lacs formés par le fleuve » sont les trois bassins du chott El Djerid, » du chott El Gharsa, du chott Melghigh.

» 4° Le grand fleuve Triton, d'Hérodote, » est vraisemblablement l'Igharghar ; le » cours supérieur du Triton, de Ptolémée, » est certainement l'Oued Djedi.

» 5° L'île de Phla est sans doute l'île » des Palmiers de Pharaon. »

Ces conclusions approchent trop de l'évidence pour ne pas rallier à elles tous

* Exploration scientifique de la Tunisie par Charles Tissot. (Géographie comparée de la province romaine d'Afrique, 1884.)

les esprits, et tout en appréciant les recherches du docteur Rouire, je crois avec Tissot, avec M. de Lesseps, avec le colonel Roudaire, avec Schaw et Guérin, que les Chotts de Gabès, seuls, peuvent prétendre à l'honneur de représenter le Triton des anciens.

Le Kelbiah rappelle le Triton, le Triton rappelle le projet gigantesque d'une mer intérieure conçu par le colonel Roudaire. Roudaire, mort malheureusement trop tôt pour l'achèvement pratique de cette œuvre grandiose, voulait percer le seuil de Gabès et mettre en communication avec la mer les Chotts tunisiens et algériens.

Cet immense travail devait, suivant les prévisions du colonel, apporter une modification notable dans les conditions climatériques de cette contrée, y développer la population et l'agriculture, et introduire une nouvelle voie de communication avec l'intérieur. La conviction de Roudaire fut telle qu'il parvint à la faire partager par M. de Lesseps, qui ne craignit pas de s'exposer aux plus dures fatigues pour examiner sur place la possibilité de l'exécution d'un pareil projet.

En même temps, un savant éminent, botaniste célèbre, membre de l'Institut, le docteur Cosson, étudiait aussi les conséquences de ce travail colossal, et, après de nombreux voyages dans cette région, rapportait de Tunisie des conclusions diamétralement opposées à l'exécution de la mer intérieure.

Suivant le docteur Cosson, le prolongement du golfe de Gabès jusqu'aux Chotts méridionaux de la province de Constantine n'amènerait aucun changement dans le climat général de l'Algérie et de la Tunisie. Le climat local lui-même ne subirait pas de modification sensible.

Les mers intérieures, du reste, sont loin d'agir sur le climat des territoires qui les avoisinent immédiatement; ce qui le prouve péremptoirement, c'est la sécheresse et l'aridité des bords de la Caspienne, de la mer Rouge, de la mer d'Aral, du golfe Persique, qui ont une étendue bien plus considérable que la mer rêvée par M. Roudaire.

En été, les vapeurs produites par la nouvelle mer se dissoudraient dans une atmosphère pure et surchauffée pour se disséminer dans le Sahara, se perdre au-dessus de la Méditerranée ou se condenser en pluies bien au-delà de la chaîne de l'Atlas.

Si la mer intérieure ne saurait exercer une influence sur le climat, elle entraînerait certainement des conséquences désastreuses pour les jardins de dattiers, sans lesquels les oasis n'existeraient plus. En effet les buées et les effluves marines que soulèveraient les vents, surtout ceux du Nord et du Sud, dont la violence est souvent un fléau pour la région, feraient périr les dattiers, ou au moins en empêcheraient le développement régulier, — le dattier demandant, pour donner les meilleurs produits, une atmosphère sèche.

En outre, la nouvelle mer interdirait aux Arabes nomades de la Tunisie l'accès des pâturages sahariens où, chaque année, ils conduisent leurs troupeaux en hiver.

Enfin ce projet exigerait des centaines de millions pour son exécution.

Ces judicieuses observations, dues au docteur Cosson, présentées par ce savant distingué à l'Assemblée scientifique de Blois, en 1884, contribuèrent, dans une large mesure, à faire rejeter, par le Congrès tenu dans cette ville, le projet Roudaire comme trop dispendieux et contraire aux intérêts de la colonisation.

IX

KAIROUAN

Une ville sainte. — Si Ahmed El Kairouanais et l'entrée des Français à Kairouan. — Où le téléphone augmente les revenus d'une Kobba. — La mosquée d'Okba. — Fondation de Kairouan et son ancienne splendeur. — Un Jenoun capricieux. — Le Grand seigneur Tunisien : le Colonel Mrabet.

Après avoir franchi le défilé des Souatirs, chaînes longues et pierreuses, on laisse à gauche le Kelbiah et on entre dans la vaste plaine de Kairouan, aride et nue, coupée par des rivières dont les tamarix tracent les contours et montrent çà et là des buttes de terre formées par les sources. Bientôt on aperçoit un point blanc isolé: le minaret de la Mosquée d'Okba.

Aussitôt, chameliers et pèlerins, marchands et grands seigneurs mettent pied à terre et se prosternant rendent hommage au lieutenant du Prophète qui a fondé la *Ville sainte.*

Kairouan s'élève droite dans la plaine; elle y déroule ses remparts de briques, ses tours et ses bastions, et fait surgir de son enceinte crénelée de nombreux minarets, pour la plupart lourds et massifs.

Kairouan a gardé tout son prestige auprès des Musulmans qui, jusqu'à l'occupation française, y avaient seuls droit de cité. Les Juifs, répandus dans toute la Régence, ne pouvaient y tenir boutique ; les voyageurs Chrétiens devaient être munis d'une autorisation spéciale pour entrer dans ses murs, et les habitants de la Ville sainte avaient une réputation de fanatisme et de férocité qui devait tomber peu à peu.

Les rues y sont larges, bien percées, bien tenues. Le service de l'édilité publique n'y est pas en souffrance ; mais ce qui frappe, c'est le manque d'eau.

Les Arabes choisissent l'emplacement des villes d'après de singuliers principes.

Un général de l'Islam ou un derviche, arrive au premier endroit venu, et il décrète qu'il faut y élever une grande cité ; on a fondé d'après cette méthode Fez au Maroc (où il n'y a pas d'air), Kairouan en Tunisie (où il n'y a pas d'eau).

L'ancienne dynastie des Aghlabites avait construit aux abords de Kairouan d'immenses citernes, avec des bassins de décantation, que l'incurie musulmane a laissés s'ensabler. Aujourd'hui, pour les besoins de la ville, on a recours aux citernes des particuliers, et au *puits du chameau*, creusé dans l'intérieur de la cité.

L'eau y est élevée au moyen de chaines à godets et d'un manège. L'installation est au premier étage, et la vue de ce chameau tournant à cette hauteur, m'a paru bizarre. Quelquefois il s'arrête, reste à la fenêtre en contemplation, et les cuisinières du lieu attendent patiemment, pour remplir leurs cruches, que le chameau ait terminé sa méditation.

Si Kairouan est la ville des Saints musulmans, des pieux vieillards qui y viennent passer leurs derniers jours, c'est aussi et surtout la ville des chameaux. On en rencontre à chaque pas ; les uns portent du charbon ou des briques, des légumes ou des fruits, ce sont les prolétaires ; d'autres, ne portent que leur bosse, ce sont les rentiers. Leur existence dans cette ville ancienne et sainte, les charges honorifiques qui leur sont confiées, la proximité de leur royaume, le désert, leur donnent un sérieux, je dirais même une morgue, dont les Musulmans d'ailleurs, fort amateurs de la dignité et du respect de soi-même, ne se plaignent pas. Le chameau à Kairouan aime aussi les arts; je me souviens avoir entendu dans l'après-midi, dans un carrefour de la cité, la musique militaire des Chasseurs, en compagnie de quatre personnes : deux chameaux, un nègre et Si Ahmed.

Si Ahmed El Kairouanais est mort depuis mon dernier voyage dans la ville sainte; je lui dois une mention spéciale.

Si Ahmed était né à Rouen; il appartenait à une excellente famille de Normandie qui a donné un Ministre à la France.

Mondain accompli dans sa jeunesse, il avait à 25 ans gaspillé son patrimoine; croyant à sa vocation religieuse, il passa un an à voyager, de la Trappe à la Grande Chartreuse et à Frigolet; il ne put se fixer nulle part et résolut de se faire Musulman.

Il partit pour Tunis, vécut pendant deux ans d'aumônes, s'habilla à la mauresque, apprit le Coran, s'exerça à la parole dans les cafés maures, et restant Français de cœur, il abandonna la religion de ses pères ; tête faible, il devint mahométan.

Son imagination et son esprit lui donnèrent une grande influence sur ses nouveaux coréligionnaires. Il vivait à Tunis, à Kairouan, dans les mosquées, dans les cafés, sur la place publique, ne possédant rien ; toujours propre, les vêtements d'un blanc éclatant, ne se préoccupant jamais du lendemain, nourri par les fidèles, partout fort bien reçu, il haranguait les populations et leur reprochait leurs vices.

En octobre 1881, Si Ahmed était à Tunis ; on parlait de la marche des troupes sur Kairouan. Il partit aussitôt pour cette ville, écrivit une prophétie en caractères arabes sur des plaques de bois, la glissa dans la chambre de la grande mosquée qui contient les prédictions des marabouts et vint se mêler aux conversations des habitants.

Muphtis et Imans, le chapelet à la main, l'injure aux lèvres, se promenaient dans Kairouan, prononçant des paroles de vengeance, invitant les fidèles à la résistance, et les conjurant de se faire tuer jusqu'au dernier plutôt que d'ouvrir les portes de la Ville sainte aux barbares, aux sauvages, aux ennemis de Dieu, aux démons, aux Français.

Si Ahmed avec beaucoup de calme et de douceur leur tint à peu près ce langage :

« Mes frères, mes amis, nous parlons » dans le vide. Quels conseils pouvons-» nous adopter ? Quelles résolutions pou-» vons-nous prendre, avant d'avoir con-» sulté les oracles qui ont peut être » prévu cette époque critique ? »

Les Imans inclinèrent la tête en signe

d'adhésion ; on a beau être Iman ou Muphti à Kairouan, on tient à la vie, ne serait-ce que pour le bon exemple à donner ; peut-être que les prophéties habilement interprétées engageraient les citoyens à une honnête temporisation ?

On se rendit en pompe dans la mosquée, où on découvrit la prophétie de Si Ahmed couverte de poussière, vieille avant l'âge qui, en termes imagés mais très-clairs, annonçait l'arrivée des Français : « Trois » grands serpents déroulant leurs an-» neaux de bronze et de fer, vomissant le » feu, aux écailles invulnérables, péné-» treront dans la ville sainte. Ils trouve-» ront les portes ouvertes, les visages » tristes et les poignards dans les four-» reaux, et cela à cause des crimes sans » nom commis dans la cité d'Okba. »

On consulta les dates, on fit les calculs et l'on arriva à cette conclusion que les serpents étaient les armées françaises venant de Tebessa, de Zaghouan et de Sousse.

La volonté du Prophète était manifeste. Imans et Muphtis avec une résignation touchante se rendirent à l'évidence. Et peu de jours après, les trois colonnes françaises entraient à Kairouan sans coup férir.

En récompense, Si Ahmed fut chargé de la garde de la Kobba de Sidi Ben Daoud, à quelques lieues de Kairouan, sur une cime sauvage et déserte. Les pèlerins venaient de fort loin prier sur la tombe de Sidi Ben Daoud et là, s'accusaient tout haut de leurs fautes ou de leurs crimes. Le gardien de la Kobba, Si Ahmed, pensait tirer parti de cette confession au moyen d'une invention récente. Il voulait installer un téléphone sur les pieds du Marabout, et lorsque le fidèle s'écrirait : « Grand » Sidi Ben Daoud, j'ai tué ma femme;

» j'ai volé deux moutons; j'ai bu un petit » verre de vin, que dois-je faire ? » Le pécheur aurait alors entendu la voix sépulcrale de Si Ahmed: « Assassin, voleur, » païen, en expiation de tes crimes, tu » dois apporter 500 piastres au pieux » gardien de mes cendres. »

La mort l'a empêché d'exécuter ce projet qui aurait augmenté notablement ses maigres revenus.

Je passai deux jours à Kairouan, en compagnie de Si Ahmed, chez le colonel Mrabet qui me reçut avec la politesse et la courtoisie musulmanes.

Si Ahmed me fit visiter la ville; il me montra le faubourg des Zlass, alors abandonné, une inscription coufique, le puits du chameau, les citernes des Aghlabites et la mosquée de Sidi Okba.

Le dirai-je ? L'effet produit sur moi, par ce monument réputé, fut immense, mais au point de vue historique. Cette mosquée arabe est, à mon avis, une des plus belles ruines romaines de la Régence; plus de cinq cents colonnes, venant des églises chrétiennes de Sabra, ornent le corps principal de la mosquée et les galeries qui se développent aux alentours; ces colonnes épaisses et hautes, en marbre, granit ou porphyre, présentent toutes les variétés des teintes, depuis le rouge sang jusqu'au vert pré, depuis le blanc de neige jusqu'au bleu sombre; les arcades sont grossières, le minaret à trois étages est sans grâce; seuls, les travaux de menuiserie, d'origine arabe, sont remarquables et présentent des ciselures à jour et des ornements dans la chaire de l'Iman et dans les portes qui sont de beaux types du genre.

En haut du minaret, on domine la plaine, on aperçoit la grande Sebkha de Sidi El Hani, le chemin de fer Decauville qui unit Kairouan à Sousse; au nord, le Zaghouan; au sud, quelques rares vergers; à nos pieds, la ville développe ses maisons en terrasses, recouvertes de chaux, et montre ses mosquées, dont la plus remarquable est celle du Barbier du Prophète, vrai bijou mauresque, avec ses coupoles, son patio, ses arabesques dentelées, fines, ses plafonds peints et ses portiques gracieux.

Je ne pus m'empêcher d'évoquer le souvenir du puissant fondateur de la ville, et des légendes attachées à la création de Kairouan.

Lorsque Okba arriva, dit l'historien arabe Novaisi, il ne trouva qu'un fourré épais, repaire des bêtes fauves et des serpents; il n'y avait pas de pierres pour bâtir; il commanda aux rochers des Souatirs de venir former les remparts, aux colonnes de Carthage de venir orner la mosquée, et par enchantement les fauves disparurent, les serpents émigrèrent, les Souatirs vinrent un vendredi en masse à l'endroit désigné, et les colonnes de Carthage un autre jour de fête se transportèrent au temple d'Okba.

Telle est la légende ; en réalité on brûla les forêts, on démolit la ville Romaine existant sur l'emplacement futur de Sabra, et l'on força les Berbères à embrasser l'Islam, à faire des briques et à porter les matériaux et les colonnes à Kairouan.

Trois siècles après, Kairouan avait une Université célèbre qui, suivant Marmol, « était pour l'Afrique du nord, ce que « Paris était pour la France et Salaman- « que pour l'Espagne »; le commerce de la ville était considérable, elle avait des industries florissantes, et la cité d'Okba avait atteint un haut degré de puissance.

Sous l'effet des guerres intestines, des combats journaliers, par l'affaiblissement de l'instruction, l'Université tomba peu à peu, les cultures cessèrent aux environs, le commerce se ralentit, et dès Léon l'Africain, les auteurs arabes signalent sa décroissance.

« L'assiette de Kairouan * est dans une « campagne aréneuse et déserte ne pro- « duisant ni arbres ni grains. Ses habitants « sont de pauvres artisans pelletiers et tan- « neurs de peaux de chevreaux. »

Aujourd'hui Kairouan n'a que vingt mille habitants, quelques fabriques de tapis et des tanneries.

Seuls les souvenirs religieux ont subsisté dans cette ville qui a une auréole de sainteté spéciale parmi les grandes cités de l'Islam, et qui possède encore beaucoup d'Aïssaouas et la tradition des Jenouns.

Les Jenouns, dont Schaw et Peyssonnel ont parlé au siècle dernier, sont des intermédiaires entre les Anges et les Démons.

Si l'on est malade, si l'on a un vice de

* Léon l'Africain (*Description de l'Afrique*).

conformation, si l'on éprouve un malheur, ces divers accidents sont dus aux Jenouns qui existent en nous.

Aussi faut-il s'empresser de les chasser au plus tôt.

Mais les Jenouns sont capricieux et ne demandent pas tous les mêmes sacrifices; les uns cèdent à la violence, pour les expulser les femmes vont chez les sorcières et là, dans un costume primitif, elles se frappent à coups redoublés jusqu'à ce que les Jenouns, d'humeur pacifique, soient allés établir leurs pénates ailleurs ; d'autres se laissent persuader par le raisonnement, mais ils exigent en signe d'obéissance l'immolation d'un coq, s'ils sont modestes, d'un bélier, s'ils sont vaniteux. Les derniers enfin, et ce sont les plus nombreux, ne se rendent ni aux coups ni aux victimes expiatrices ; plus pratiques et moins sanguinaires, ils veulent avant tout de l'argent, et, pour expulser ces vrais

Jenouns du XIXe siècle, les femmes musulmanes disent à leurs maris, quand elles se voient possédées du malin esprit, que les Jenouns veulent des bracelets, des boucles d'oreilles, des médailles, et l'infortuné mari, pour délivrer sa moitié, pour satisfaire l'avidité des Jenouns, achète les cadeaux demandés.

Kairouan porte un culte signalé aux membres des anciennes familles religieuses, dont la plus célèbre dans toute la Régence est celle des Mrabet. Les Mrabet ont leur mosquée, où sont enterrés les Saints de leur famille; ils remontent au Xe siècle et traitent de parvenus les Beys, qui ne sont en Tunisie que depuis deux cents ans.

Ils ont une immense fortune, jouissent d'une grande influence qui s'étend jusqu'au Djerid, au pays des dattes; ils possèdent de vastes propriétés dans la Régence, des palais dans toutes les villes.

Leur résidence habituelle est Kairouan, où se trouvent les chefs de la famille, deux frères : le général, Gouverneur de la ville, et le colonel. Tous deux, grands seigneurs, ayant de nombreux chevaux dans leurs écuries, et beaucoup de domestiques, ils aiment la France, car ils trouvent dans le Protectorat la sécurité et la liberté qui, sous le gouvernement arbitraire d'autrefois, étaient lettre morte.

Le colonel Mrabet, de plus, a de l'esprit. Un matin, se tenant suivant son habitude, assis à la porte de sa maison, les passants venaient s'incliner devant lui et baiser le bas de sa robe; arrive un Arabe de la campagne, qui se précipite à ses pieds et arrachant son turban, montre au colonel son crâne rasé de frais, et dépourvu de mahomet, touffe de cheveux que les Musulmans laissent croître au sommet de la tête et qui sert au Prophète à élever le fidèle au ciel après sa mort.

Les yeux pleins de larmes, craignant, faute de mahomet, de perdre le paradis, notre campagnard réclamait justice contre le barbier de la ville qui lui avait joué ce mauvais tour.

« Pars en paix, lui dit le colonel en » faisant un geste significatif, le Pro- » phète te prendra par les oreilles. »

Les Mrabet me firent manger les poulets les plus gras, les pâtisseries les plus fines, et je les quittai, à mon grand regret, forcé de regagner la Medjerdah.

Le colonel me montra le clou auquel il voulait se pendre par suite du chagrin que lui causait mon départ.

Le clou heureusement mal fixé ne tint pas ; ce qui a prolongé l'existence du colonel Mrabet.

X

LE FELLAH DE MAGROUN

Caractère du paysan tunisien. — Agriculture dans l'enfance. — Intérieur d'une chaumière- — Un stoïcien à bosse.

Sur les bords de la Medjerdah, à deux lieues des ruines d'Utique, se trouve l'enchir * de Magroun, exploité par un fellah arabe, Amor Ben Ali, qui en est le fermier.

Le propriétaire, Hadj Ali Ben Ouiba, habite Tunis et ne vient à Magroun que pour surveiller les semailles et les moissons.

* Le mot Enchir en Tunisie s'applique aux ruines romaines et aux propriétés particulières.

L'enchir, limité par la rivière d'un côté, par les collines du Djebel Ahmeur (la montagne rouge), de l'autre, couvre une superficie de trente hectares.

Les rives du fleuve sont sans arbres, les collines sans verdure ; l'enchir est sans jardin. Le petit douar *, hameau de trois *gourbis* ** est au sommet d'un coteau. Il domine la plaine ; l'on y aperçoit la mer, et la ville arabe de Porto-Farina, près de laquelle est l'embouchure de la Medjerdah.

Amor laboure, sème et moissonne. En retour de son travail annuel, Ali Ben Ouiba, qui fournit les animaux, la charrue et la semence, lui abandonne le cinquième (Khammès en arabe) de la récolte.

Les premières pluies arrivent généralement en automne, après la Cyprienne ***,

* Village.

** Petite maison.

*** Tissot. (Géographie comparée de l'Afrique du Nord,)

ainsi nommée par les anciens, à cause du coup de vent qui se lève régulièrement à la mi septembre, vers la fête de Saint Cyprien, ancien évêque de Carthage.

Le fellah effectue alors un premier labour. Pour cette petite exploitation deux charrues sont nécessaires : l'une conduite par Amor, l'autre par son fils aîné, Ibrahim ; chacune d'elles suffit pour une méchia*. La troisième méchia est laissée en jachère.

Comme engin de travail, une sorte de gros clou attaché au bout d'une longue pièce de bois, tenue en l'air par un support et traîné par une paire de bœufs. Cette charrue, des plus primitives, ne fait que gratter le sol ; elle ne pénètre pas à plus de six centimètres et ne trace que des sillons inégaux et contournés.

* La méchia est la mesure du pays. C'est ce que laboure une paire de bœufs dans l'année agricole. Elle vaut environ dix hectares.

Le fellah sème ensuite à la volée un caffis * de blé, et quelques jours après un caffis et quart d'orge par méchia ; il fait un second labour dans les mêmes conditions. La herse et le rouleau sont inconnus. Les plantes parasites, jujubier sauvage, lentisque, palmier-nain, asphodèles, sont respectées avec soin. Aussi, se développant avec rapidité, elles absorbent bientôt une bonne portion du champ.

La semence étant mal recouverte, les oiseaux du ciel en dérobent une partie, les rats une autre.

Le fellah laisse toujours travailler la même couche de surface. Il ne restitue jamais au sol les engrais réparateurs nécessaires. Il ne pratique point d'assolements.

Aussi ces terres, malgré leur richesse naturelle, et la profondeur de la couche

* Le caffis de Tunis comprend 16 ouibas de 40 litres et correspond à 6 hectolitres 1/2 environ.

végétale qui atteint sept mètres en quelques points, s'épuisent à la longue et ne donnent que de faibles rendements.

Si les pluies d'hiver, et surtout celles de mars, tombent à temps, l'henchir donne un revenu moyen de cinq pour un pour le blé, de onze pour un pour l'orge.

Si les pluies font défaut, le blé en levant est brûlé par le soleil, la récolte est nulle, les moissons sont mangées sur pied par les bestiaux, Amor est forcé d'emprunter à son propriétaire 300 piastres * pour nourrir sa famille; à partir de ce jour, il ne peut plus quitter son maître avant de s'être acquitté.

Si les pluies sont abondantes, Amor a

* La piastre de Tunis vaut environ 0 fr. 60, elle est divisée en 16 caroubes. Les pièces tunisiennes en cours sont:

Or.		Argent.	
Le Bokonfa	25 p. ou 15 fr.	Le Tleta riclet ou reba..	2 fr.
Le Boukhansa..	5 p. ou 3 fr.	Le Riel unus ou temen....	1 fr.

Cuivre.

Le Temen........	2 caroubes ou 7 centimes.
La Caroube.......	— ou 3 centimes 1/2.

de l'argent; il ne pense ni à payer sa dette ni à augmenter son troupeau; il organise aussitôt une fantasia, paie la poudre aux cavaliers des environs, et s'empresse d'aller acheter à Tunis pour la circonstance des pantoufles d'occasion pour sa fille, un burnous fin et un beau cheval pour lui-même.

L'exploitation comprend toujours un carré de fèves, légumineuses qui, ne contenant pas le gluten des céréales, fatiguent moins le sol, puisant surtout dans l'atmosphère les principes utiles à leur développement.

Les fèves * et les blés viennent particulièrement bien dans les terres fortes et argileuses. L'orge préfère les sols légers et sablonneux.

Le fellah sème aussi du lin, des lentilles, des pois-chiches. Il ne plante pas la

* Les fèves cuites avec de l'huile et de l'ail forment la nourriture du fellah au printemps.

pomme de terre, qui pourtant réussit très-bien en Tunisie. Il n'emploie pas l'avoine, car elle irrite les chevaux.

S'il a de l'eau à sa disposition, comme à Magroun où Amor a établi une noria * arabe pour élever l'eau de la Medjerdah, il fait en avril des plantations de maïs, de droh (millet blanc), de melons, de pastèques.

Au printemps, le géomètre du Gouvernement beylical, *l'Amin*, inspecte les moissons du fellah, à l'effet de prélever pour le Bey la dîme ou *achour*, qui devrait être le dixième de la récolte.

Si le fellah est riche, il donne de l'ar-

* La noria tunisienne consiste en deux grandes bourses en cuir, munies d'ajutages en cuir également. Ces bourses, d'une capacité de 40 litres, sont attachées à de longues cordes qui passent sur une poulie établie au sommet du puit, et qui sont tirées par des bœufs. Elle n'élève que fort peu d'eau, mais elle est avantageusement employée à cause de la facilité et de la simplicité de son installation dans le cas de puits très-profonds.

gent à l'amin, l'achour est faible. S'il est pauvre, il ne peut que lui offrir des poules, l'achour devient considérable.

Le fellah est sujet encore à d'autres impôts : La *medjba*, ou capitation, 45 piastres par homme au-dessus de 18 ans; la *kanoun*, taxe d'un quart de piastre par pied d'olivier et de deux piastres par palmier-dattier.

En mai, le fellah moissonne sous l'œil vigilant du maître; il est aidé dans ce travail par sa femme et par des ouvriers de passage, Gabésiens pour la plupart, que le propriétaire de l'henchir paie un franc par jour et nourrit.

Les tiges sont coupées près de l'épi avec la faucille. Le dépiquage s'opère avec le chariot égyptien, planche armée de silex, monté par le fellah et traîné sur l'aire par des chevaux.

La brise du soir effectue le vannage. La paille obtenue, hachée, peu abondante, de qualité inférieure, est mise en meule près des gourbis; elle servira à la nourriture des bœufs.

Les grains, blé et orge mêlés, couverts de terre, sont déposés tels quels, sans être nettoyés au préalable, dans des silos, réservoirs en maçonnerie sous terre, où ils se conservent indéfiniment.

Le blé est dur; il forme à l'état de couscous la base de l'alimentation du fellah. Le surplus est vendu à Tunis pour l'exportation.

L'orge est donnée aux chevaux ou livrée au commerce. L'orge de Tunisie est assez estimée sur les marchés.

Au printemps l'herbe pousse en abondance dans le *garaa* *, le fellah ne la fauche point et ne fait pas de provision de foin pour l'automne. Aussi les bestiaux d'Amor, mal nourris, maigrissent

* Prairie naturelle dans les parties basses du domaine.

et ne se développent pas. Ils sont sans étables, comme les moutons. La race bovine, rustique, tardive, dépérit, donne peu de viande. Les vaches donnent peu de lait. Les toisons des brebis fournissent une laine abondante mais de qualité inférieure.

Dans un gourbi établi en pisé, terre et paille détrempées et battues, couvert en chaume, vit la famille du fellah.

Cette hutte grossière, composée d'une pièce unique, étroite, est percée au levant d'une seule ouverture, qui tient lieu de porte et de fenêtre. Elle sert de chambre et de salon au fellah, d'abri pour les veaux et les agneaux, de magasin pour les semences et les charrues.

Le sol n'y est point pavé. Les murs sont sans enduit. Aucun tableau, aucune image pour réjouir la vue; pas de table ni de lit. Une simple natte et un sac pour les objets usuels constituent le mobilier. Point de linge, pas de vêtements de rechange, pas de miroir, et, le dirai-je, pas de savon.

La femme du fellah a trente ans, elle en paraît cinquante. Elle n'a qu'une robe en toile bleue, unie, qu'elle porte en toute saison. Elle a mis au monde neuf enfants; sept sont morts, ayant été abandonnés en bas âge, à peu près nus, aux fraîcheurs des matinées et aux intempéries des saisons. La petite fille n'a qu'une chemise, le fils aîné n'a qu'un burnous.

Le chef de famille est paresseux; il laisse travailler sa femme, qui moud le blé, fabrique l'huile et le beurre, prépare le couscous, va chercher l'eau à la rivière et le combustible dans les champs.

Le fellah, lui, se repose; il observe les astres, et pense à l'étoile polaire * qui le frappe par sa fixité.

* En arabe, l'étoile polaire se dit : *Outed*, mot à mot : le piquet.

Sans instruction, sans connaissances, sans morale, le fellah est une machine. Il suit la routine, il ne fait que ce que faisait son père, rien. Il ne se préoccupe pas d'améliorer sa situation. Son gourbi est pour lui un palais; il trouve inutile de se bâtir une maison en pierre plus confortable et plus sûre. La terre nue lui paraît suffisamment belle, et il considère comme superflu de dessiner un jardin autour de sa demeure, de tracer une avenue d'arbres auprès de son village, d'établir un potager pour avoir des légumes.

Les sentiments élevés, faute d'une religion qui s'adresse aux parties supérieures de l'homme, faute de l'éducation maternelle du foyer, sont éteints dans le cœur du fellah.

L'amour chez lui n'est que bestial; l'affection filiale n'est que la crainte du père. L'amour maternel dure peu, c'est une affection de nourrice.

La religion du fellah est dure, sèche. Ignorant l'histoire et la géographie, ne sachant ni lire ni écrire, Amor croit qu'avant Mahomet, il n'y avait que des Juifs. Il connaît comme grands hommes Abraham et Alexandre ; en fait de noms de villes, la Mecque et Stamboul. La Medjerdah, à ses yeux, vient du Nil.

Le fellah est sans idée de médecine et sans la moindre notion d'hygiène ; quand il éprouve le *bared,* le froid de la maladie, il va aussitôt trouver un Français du voisinage, colon ou commerçant, qui représente à ses yeux le *thébib* *, et lui demande une prompte guérison. Le thébib improvisé l'ausculte et lui fournit un remède approprié à ses maux. Le fellah part satisfait, et tout d'abord jette au ruisseau le remède en question, pensant que la vue seule du médecin doit guérir et que son remède est sans valeur.

* Médecin.

Si le bared augmente, le fellah va se plonger dans les piscines de l'Hammam l'Enf * ou de Gorbès. Souvent ces eaux thermales, qui jouissent de propriétés très actives, le remettent sur pied.

Dans le cas contraire, le fellah meurt sans murmurer. *Mektoub*, c'était écrit. Et ce même *mektoub* tarit dans leur source les larmes de la femme ou des fils.

L'enfance est sans pudeur comme l'indique son langage.

A douze ans, la fille est mariée ou plutôt vendue à un autre fellah, pour de l'argent si elle est belle, pour du blé si elle est dépourvue de charmes.

Amor me disait un jour qu'il avait acheté sa vache 300 piastres, son cheval 500; sa femme ne lui avait coûté que 50 piastres. Il espérait vendre sa fille davantage.

* L'Hammam l'Enf et Gorbès, localités situées près de Tunis.

CHAMEAUX DE MAGROUN

CAFÉ MAURE

Cette absence de tendresse dans le cœur du fellah se fait sentir chez les animaux du gourbi.

Le cheval, enfant gâté du fellah, n'est qu'orgueilleux.

Le chien n'est qu'un cerbère, qui mord souvent, qui aboie toujours, mais qui ne pleure jamais.

Le chameau n'est qu'un stoïcien à bosse.

Pour désigner la richesse d'un Tunisien, on parle du nombre de chameaux qu'il possède.

Amor en vaut un.

Le chameau de Magroun est doué d'une énergie rare ; il est de bonne composition ; livré à lui-même dès sa tendre enfance, il est habitué à maîtriser ses sentiments les plus chers et n'est maussade qu'au printemps, quand la nature se réveille. Dans les autres saisons son caractère est parfait.

Il mange les jours ordinaires des feuilles

de cactus chargées d'épines, et se régale le vendredi d'un chardon. Si son maître impitoyable lui refuse jusqu'à ces modestes aliments ; sans murmurer, sans se plaindre, il gravit le coteau et s'accroupit au sommet de la colline ; il contemple le mirage de la plaine où il croit revoir les palmiers de l'oasis natale, et il se nourrit de sa bosse pendant trois jours. Il perd, après, le ventre et les jambes ; la fille d'Amor lui apporte alors un peu d'orge, et il reprend bientôt ses forces.

Le chameau hoche la tête quand on lui parle des progrès modernes. Il a vu passer les Numides, il en verra passer d'autres.

XI

LA MEDJERDAH

Régime du plus grand fleuve de la Régence. — Un ancien port de mer: Utique aujourd'hui à trois lieues de la côte. — Avenir de Byzerte. - Le général Bréart et le traité de Kassar Saïd. — Un quadrupède victime du mot d'ordre.

Torrent impétueux en hiver, la Medjerdah est caractérisée par des crues intenses, rapides et courtes à cette époque. Simple ruisseau en été, sa vitesse s'amortit, son débit diminue alors et elle ne conserve qu'un très faible étiage en septembre.

L'étude complète de cette rivière, la plus importante de la Tunisie, a été faite en 1881 par un ingénieur éminent, M. Alfred Rondel, chargé par le Gouvernement français d'un mission hydrographique dans la Régence *.

La Medjerdah prend naissance en Algérie; la direction générale de son cour est O.-N.-E. Son parcours est de 80 lieues environ. Elle reçoit de nombreux affluents dont les plus considérables sont: l'Oued Mellegue, l'Oued Bou Heurtma et l'Oued Silliane.

Elle arrose le riche territoire de Béja, passe à Testour, à Medjez-el-Bab, où son

* M. Alfred Rondel, ingénieur en chef des Ponts et Chaussées, a écrit un remarquable mémoire sur la Medjerdah, où il a fixé le régime de ce fleuve. Il estime, d'après ses mesures directes et ses calculs, que la Medjerdah doit présenter des crues maxima de 500 mètres cubes à la seconde, ces crues maxima avec inondations dans les plaines de 2,000 mètres cubes, et un étiage de 2 mètres dans son cours inférieur.

Il explique la présence des sels de chaux contenus en abondance dans cette rivière par les couches de gypse pur que la Medjerdah traverse près de Béja.

lit se rétrécit ; elle forme l'immense plaine d'alluvion qui se développe depuis Tébourba jusqu'au littoral, et va se jeter à la mer dans la baie de Porto-Farina, à deux lieues d'Utique.

Capricieuse, elle change souvent de lit et donne naissance à d'immenses coudes, qu'elle prend bientôt plaisir à délaisser. Ces terres qu'elle traverse dans son cours inférieur, purement végétales, privées de lien et de consistance, ne peuvent donner à cette rivière des berges stables, ni tracer à son lit un chemin déterminé. Ici elle affouille, là elle alluvionne.

Dans la montagne, son niveau s'élève parfois de 10 mètres en quelques heures, et grâce à la pente énorme des gorges de Ghardimaou qu'elle franchit, grâce au volume d'eau qu'elle charrie, elle arrive dans la plaine avec une puissance vive incalculable, entraînant tout ce qui se présente et tout ce qui lui fait obstacle.

On voit à cette époque flotter à sa surface des tentes, des arbres, des corps d'animaux.

Dans son cours inférieur sa pente est très faible, dix centimètres par kilomètre environ. Sa largeur oscille autour de 100 mètres, et la hauteur de ses berges ne dépasse pas 7 mètres.

Pour briser davantage sa force vive, elle décrit de nombreux lacets, qui ont donné naissance à la légende du serpent fabuleux qui arrêta Régulus sur ses bords.

La Medjerdah est en effet l'antique Bagradas. C'est elle qui a amené la ruine d'Utique et Carthage.

Les limons quelle apporte en grande quantité, grâce au déboisement qui s'est pratiqué depuis dix siècles, depuis l'invasion arabe, ont ensablé les *cothons* * des deux cités puniques!

On peut constater ce fait les jours de

* Ports anciens.

crue, en se plaçant au sommet du village de Sidi-Bou-Saïd, qui domine les environs, on aperçoit alors la mer jaunie au loin, depuis Porto-Farina jusqu'à Carthage, par les troubles de la rivière *.

Utique, la plus ancienne cité de l'Afrique, fondée 1200 ans avant notre ère par des marchands phéniciens, port célèbre autrefois, n'est plus aujourd'hui qu'un monceau de ruines **, et elle se trouve à trois lieues de la côte.

* « La superficie totale du terrain perdu par la » mer, mesurée sur les traces visibles de l'ancien » littoral peut être évaluée à 258 kil. carrés. Elle » représente les apports du Bagradas pendant vingt » et un siècles. » (Tissot. *Géographie comparée.*)

** « Fondée douze siècles avant Jésus-Christ, » Utique est l'une des plus anciennes colonies que » Tyr ait établies sur la côte d'Afrique. Elle forma » longtemps une République libre gouvernée par » un Sénat et des suffites. Elle reconnut la supré- » matie de Carthage. Au commencement de la » troisième guerre punique, elle se soumit aux » Romains et devint la métropole de l'Afrique, » jusqu'au relèvement de Carthage peu de siècles » après. C'est dans ses murs que l'an 40 avant

Dans un marais croupissent les débris de son palais amiral. Ses citernes, auprès desquelles venaient aborder les galères phéniciennes, servent aujourd'hui d'étables.

Seule, la mémoire de son illustre défenseur, Caton, a survécu.

Le jour où j'étais à Utique, l'esprit chagrin de ne voir planer que l'image de la mort sur cette cité si vivante au temps jadis, un Arabe s'aperçut de mon inquiétude et de ma tristesse ; me montrant aussitôt une coupole blanche au sommet de l'acropole il me dit : « Rassure-toi, *roumi,* le sage est encore là. » Le sage, le *bou chateur,* est Caton. C'est sous ce titre que les Mu-

» J.-C. Caton essaya de défendre un instant contre
» César les derniers débris de la République;
» mais la fortune favorisa son rival. Pour échap-
» per à la honte de subir son joug ou plutôt sa
» clémence, pour ne pas survivre à la liberté de
» sa patrie, il se déroba par une mort volontaire
» à une défaite inévitable. » (V. Guérin. *Voyage archéologique en Tunisie.)*

sulmans ont conservé le souvenir du dernier amant de la liberté.

Utique n'est plus, et Porto-Farina lui a momentanément succédé.

Fondée au XVIIe siècle *, Porto-Farina a été une cité florissante au siècle dernier. Les bateaux aujourd'hui n'ont plus accès dans son port et la Medjerdah a tué la fortune de cette ville comme elle a tué celle d'Utique.

Utique est morte, Porto-Farina se meurt, Byzerte est destinée à hériter de leur puissance.

A l'Ouest, protégée par deux caps, contre les troubles du fleuve, que les

* « Porto-Farina (en arabe Rhar El-Melah) créée » en 1637 par Mourad, qui y fixa une colonie d'An- » dalous et il y éleva un fort. (*Annales de Rous- » seau.*)

« Porto-Farina a un beau cothon où les Tuni- » siens tiennent leurs vaisseaux; elle était au- » trefois une ville considérable. (Schaw, 1743.)

» Les fonds du lac de Porto-Farina ont dimi- » nué de 10 mètres en un siècle. (Tissot, 1884.)

courants dominants entraînent sur l'Est, Byzerte deviendra le plus beau port de la Méditerranée.

Un lac immense, profond, tranquille, est à ses portes *. Lorsque le canal qui le sépare de la mer sera approfondi, les plus grandes flottes pénétreront dans ce bassin

* « Le lac de Byzerte (le palus Hipponitis des » anciens) d'une forme allongée de l'Est à l'Ouest, » a dans cette direction 12 kilomètres. Sa longueur » N. S. est de 8 kilomètres. A son extrémité » N. E. il se trouve relié à la mer par un canal » naturel d'environ 6 kil. de longueur et près de » 800 mètres de largeur. Dans les parages de la » ville de Byzerte, que traverse le canal, celui-ci » n'a que neuf décimètres à 3 mètres de profon- » deur. mais à mesure qu'il s'avance vers le lac, » il s'élargit et acquiert une profondeur égale à » celle du dernier, laquelle est de 5 à 8 mètres.

« Entre les mains d'une puissance européenne, » dit M. Playfair, le lac de Byzerte deviendrait » l'un des points stratégiques les plus forts du » bassin méditerranéen. Une dépense comparati- » vement peu considérable suffirait pour créer ce » port admirablement abrité et contenant une » superficie de 80 kil. carrés d'ancrage pour les » gros vaisseaux. » (De Tchiatcheff, ***Espagne, Algérie et Tunisie.***)

colossal creusé par la nature et y trouveront un abri sûr.

Byzerte, * aujourd'hui simple cité de pêcheurs entourée de collines verdoyantes, avec ses rues coupées de canaux, avec son lac et sa mer, est une Venise africaine, sans palais et sans doges.

Son Pont des soupirs est devenu le pont de la France.

C'est à Byzerte en effet que débarqua le général Bréart au mois de mai 1881.

Croyant à une résistance de la ville, l'amiral commandant la flotte française s'apprêtait à bombarder la cité.

* Le lac de Byzerte est extraordinairement poissonneux. Il contient surtout les mulets et les aloses, j'y ai vu pêcher des dorades.

Édrisi prétendait qu'il y a douze poissons différents à Byzerte suivant les mois de l'année. Léon l'Africain dit que les aloses y sont abondantes et qu'on les pêche jusqu'en mai.

On y a établi de grandes chambres en jonc et osier, sortes de madragues où s'engagent les poissons à la sortie du lac et d'où ils ne peuvent plus s'échapper.

Le vice-consul de France à Byzerte, le comte Desages, demanda à l'amiral deux heures de sursis. Il fit venir chez lui le khalifa, gouverneur de la ville, et lui commanda d'ouvrir les portes de Byzerte aux Français. Le khalifa ne comprenait point. M. Desages porta la main à sa tête. Le khalifa comprit; il savait que le consul tenait ses promesses, et apporta aussitôt au courageux fonctionnaire * les clefs de la cité. Les Français entrèrent à Byzerte sans coup férir.

Bréart aussitôt franchit les dix lieues qui séparent Byzerte de Tunis, et alla droit au Bardo.

La veille de son arrivée, le Bey, Moha-

* En reconnaissance de sa brillante conduite, le Gouvernement nomma peu après M. Desages à un poste important. Une mort cruelle l'a ravi, il y a deux ans, au bel avenir qui s'ouvrait devant lui, et à l'affection d'une mère adorée. Le Consul de Byzerte était le neveu de M. Desages, l'éminent Directeur des affaires politiques au Ministère des Affaires Étrangères sous Louis-Philippe.

med Es-Sadok, restait sourd aux justes demandes de notre représentant; le 12 mai, il vit Bréart. La haute stature, l'air martial du général en imposèrent au Bey qui devint plus accommodant, mais qui pourtant ne voulait point conclure.

Tout à coup, inspiré, Bréart se lève, fixe ses regards pénétrants sur Mohamed Es-Sadok et fronce le sourcil.

Le Bey demanda sa plume.

Le traité de Kassar Saïd qui ouvrait une ère nouvelle à la Régence était signé.

Le pays fut néanmoins plusieurs mois encore en proie au trouble et à l'anarchie.

De hauts fonctionnaires tunisiens conspiraient dans l'ombre, sentant que l'heure de la justice avait sonné pour tous, et qu'il allait y avoir un terme à leurs iniques exactions.

Tout en assurant la France de leurs sympathies et de leur dévouement, ils fomentaient des révoltes dans le Sud, soudoyaient les rebelles et leur faisaient parvenir de la poudre et de l'argent.

Au mois d'octobre 1881, après la prise de Sfax, après l'entrée des troupes à Kairouan, l'ordre régnait dans la Régence, les intérêts français étaient sauvegardés, et la courte mais brillante campagne militaire était terminée.

Jusqu'à ce moment, le pays présenta la plus grande désolation. Je me trouvais à cette époque chez mon excellent ami, M. d'Angers *, alors directeur des haras de Sidi-Tabet.

Les pillards parcouraient la plaine en tous sens. Nous n'apercevions que des cavaliers courant à bride abattue vers la

* La mort a foudroyé mon ami au moment où j'écrivais ces lignes. M. d'Angers (neveu de Francisque du Miral, ancien vice-président du Corps législatif) après avoir brillamment dirigé pendant quatre années les haras de Sidi-Tabet, était passé dans l'Administration tunisienne, comme contrôleur civil suppléant.

Medjerdah, du côté du Djebel Ahmar, dans les directions de Tunis ou de Mateur. Les femmes et les enfants erraient en pleurant sur les grandes routes; les fellahs émigraient.

Chaque jour nous recevions les nouvelles les plus alarmantes. On nous menaçait de venir incendier le haras.

D'Angers organisa intelligemment la défense. Les portes fermaient bien, les murailles étaient solides.

Nous nous réunissions chaque soir au second étage du bâtiment central et nous avions donné l'ordre de mettre le feu à l'escalier en bois qui y donnait accès, au moment critique.

Nous étions prêts à tout. Les rebelles le savaient; aussi ne vinrent-ils point, malgré leur vif désir de s'emparer des cent chevaux qui se trouvaient chez nous.

Un incident bizarre termina cette période critique.

La nuit du 28 septembre, j'entends un coup de fusil ; je m'habille à la hâte, je regarde ma montre, c'était trois heures du matin, l'heure des bonnes fortunes du brigand tunisien ; je m'arme et je descends. Mes domestiques arrivent affolés, s'écriant que six cents insurgés sont aux portes du haras et veulent tout mettre à feu et à sang, pour venger leur chef qui vient d'être tué par mon gardien.

Je me dirige avec précaution vers la porte; n'entendant aucun bruit au dehors, je la fais ouvrir, je sors. Quelques nuages couraient au firmament, la plaine était déserte ; j'aperçois une masse noire, immobile, gisant près d'un fossé; je m'approche: c'était une ânesse baignée dans son sang.

La pauvre bête qui voyageait au clair de lune, voyant les grandes murailles blanches du haras, avait été attirée de ce côté. Ignorant le mot d'ordre, elle n'avait pas répondu aux trois sommations du gardien, qui avait fait feu, croyant se trouver en présence du chef de la bande.

L'imagination des Arabes avait transformé les nuages en autant d'insurgés.

XII

COLONS ET CULTURES

Les céréales et les avantages de la culture européenne. — La datte bientôt à bon marché. — Un nouveau textile : la Ramie. — La vigne et ses frais de premier établissement. — L'union du capital et de l'initiative privée assurera l'avenir agricole de la Régence.

Le fellah de Magroun est au dernier degré de l'échelle agricole. Le propriétaire de l'Enfida en occupe le sommet.

L'un suit la routine : les années ordinaires, il végète ; les années d'abondance, il gaspille ; les années de sécheresse, il mange peu ; n'ayant pas de besoin, ne sentant pas la nécessité d'un certain confortable, il ne dépense rien et pourra se maintenir en empruntant une somme d'argent très faible. Il est d'ailleurs sans instruction et sans ressources.

L'autre est entreprenant, il loue des terres aux indigènes, achète des bestiaux qu'il engraisse, vend des fourrages, élève des moutons, cultive les céréales, fabrique de l'huile et du vin; à une époque il perdra sur une branche de son exploitation et gagnera sur une autre; il fera de nouvelles cultures; il fournira de nouvelles avances à ses khammès, et, en somme, il soldera son compte de fin d'année par des recettes. Il possède de forts capitaux qui lui permettront d'attendre plusieurs années pour rentrer dans ses débours et acquérir l'expérience du pays.

Que fait le colon, nouvel arrivant en Tunisie? Se bornera-t-il à la culture indigène? Se lancera-t-il dans la grande culture?

Tout dépend des revenus dont il dispose.

Quels sont les avantages, en Tunisie, d'une culture perfectionnée des céréales?

Quelles sont les cultures irriguées possibles ? Quels sont les frais de premier établissement d'un hectare de vigne ?

La réponse à ces diverses questions fera l'objet de ce chapitre.

Les céréales, blé et orge surtout, viennent bien dans le nord et le centre de la Tunisie. Leur territoire de prédilection est la vallée actuelle de la Medjerdah, l'ancienne province d'Ifrikia, et en particulier les environs de Béja *.

Tous les auteurs romains et arabes font mention de la richesse du terroir de Vacca **, l'ancienne Béja.

* Béja, près de la Medjerdah, ville de 6,000 habitants, fiévreuse en août et septembre.

** « Béja est toujours couverte de nuages, rarement le ciel s'y montre pur et serein, le sol est » noir, friable et convient à toutes les espèces de » grains. » (El Bekri. *Description de l'Afrique.*)

« Béja est la ville la plus riche du pays en » céréales. » (Edrisi.)

« Béja est une ville d'un grand commerce. (Schaw.)

Léon l'Africain au XVIe siècle cite, pour exprimer la fertilité du sol de Béja, cet adage :

Si deux Beggie étaient
Assises en deux plaines
Les grains surmonteraient
Le nombre des arènes.

Aujourd'hui encore, chez les Arabes, ce même adage a cours sous cette forme :

Loukan tema dakla, daklain
El ouiba quæma, ibeahou caroubtin *.

Le sol de la Dakla (grande plaine aux environs de Béja) est noir, friable et semblable au terreau. La terre végétale est très profonde et doit sa richesse à des dépôts lacustres préhistoriques **.

* S'il y avait deux Daklas, la mesure de blé se vendrait deux sous.

** « Entourée de tous côtés par une ceinture de » hauteurs, la Dakla forme un immense cirque » naturel, dont l'arène présente l'aspect de toutes » les plaines d'alluvion. Aucun accident de ter- » rain appréciable à l'œil n'en interrompt l'uni- » formité.

En amont de la Dakla se trouvent les vastes propriétés de M. Leroy-Beaulieu; en aval, vers l'Oued Zargua, celle de MM. Géry et Lemaire ; dans le cours inférieur de la Medjerdah s'étendent les grands domaines du général Ben Ayed à Tebourba, de la Société Franco-Africaine à Sidi-Tabet, du général Kheir-Eddin à la Sebala.

L'outillage agricole à été transformé dans ces propriétés françaises.

« Elle ressemble à un lac désséché, et telle est » effectivement l'origine de cette vaste cuvette ; il » est évident qu'à l'époque géologique, relative- » ment récente, où la Medjerdah n'avait pas en- » core ouvert, dans le massif crétacé qui ferme » l'extrémité orientale de la Dakla, l'étroite et » profonde coupure qu'elle a creusée depuis, ses » eaux retenues par un barrage naturel, inon- » daient tout le bassin qu'elles ne font que tra- » verser aujourd'hui. Tous les tributaires de son » cours actuel, l'Ouedegue Mellegue, l'Oued Beljarin, » l'Oued Bou Heurtma, l'Oued Kessab, l'Oued » Melah, l'Oued Tessaa, se déversaient alors direc- » tement dans ce grand lac préhistorique. » (Tissot. *Géographie comparée.*)

Au lieu du clou arabe, on fait usage d'une charrue fixe avec soc et versoir, qui pénètre profondément dans le sol, et retourne la terre. Les terrains ont été défrichés et débarrassés des jujubiers ou lentisques qui les infestaient. On donne un premier labour au printemps pour rafraîchir le sol, et deux autres en automne ; on herse et on passe le rouleau brise-mottes.

Ces terres mieux travaillées produisent un rendement de 50 p. °/. supérieur à celui des indigènes. L'ouvrier employé est toujours l'Arabe, qui travaille comme khammès, mais qui est mieux surveillé et auquel on offre des outils et des animaux meilleurs.

Le mulet, qu'il est plus facile de conduire, prend la place du bœuf pour traîner la charrue.

Les épis sont coupés plus bas. Le dépiquage s'opère sous les pieds des chevaux, et non sous le chariot égyptien; aussi, la paille obtenue est-elle plus abondante et de meilleure qualité.

Les grains passent au tarare, où ils sont nettoyés et séparés.

Dans quelques exploitations, à Sidi-Tabet par exemple, on moissonne à la machine. Dans d'autres on emploie avantageusement les batteuses à manége.

Pour fournir aux animaux de trait et aux bestiaux une bonne nourriture, on fauche les prairies naturelles au printemps. Pour les garder des intempéries des saisons, on leur construit des écuries et des étables. Pour améliorer la race bovine, on procède par sélection, choisissant les meilleurs sujets comme reproducteurs.

Les vaches mieux nourries fournissent plus de lait. Les veaux plus précoces se vendent davantage.

A Sidi-Tabet, la société colonisatrice a acclimaté le mouton de Sétif, qui n'a pas le développement caudal du mouton tunisien et qui donne une laine plus estimée.

Sidi-Tabet est un henchir de 5,000 hectares concédé à la Société Franco-Africaine pour quatre-vingt-dix ans. Il avait été concédé en premières mains au comte de Sancy, par le Beylic, à l'effet d'y entretenir un certain nombre d'animaux pour améliorer les races bovine et chevaline du pays. La Société s'est substituée au comte de Sancy et y a fait construire par un architecte distingué, M. Fanier, de grands bâtiments * pour y abriter deux cents chevaux et quatre cents vaches.

Le comte de Sancy est le plus ancien colon de la Régence. Il vint, il y a une quinzaine d'années environ, se fixer à

* M. Fanier, chef de service à la Société des Batignolles, a tiré un parti très avantageux des matériaux du pays pour ces grandes constructions.

Sidi-Tabet, aux pieds du Djebel Ahmar. Il vécut sous la tente pendant six mois et apprit bientôt à connaître les ruses des indigènes.

Un jour il donne du blé à ses Khammès pour ensemencer cinq méchias. La récolte fut nulle. La semence avait fructifié dans l'estomac des Khammès.

L'automne suivant Sancy leur donna des sacs de blé, où il avait mis au préalable du sel de cuivre. La récolte fut nulle comme la précédente. Les Khammès avaient ensemencé leurs champs.

A partir de cette époque, Sancy surveilla lui-même les semailles et il arriva à d'excellents résultats.

Son affabilité et son esprit l'ont rendu très populaire dans la contrée et les Arabes se répètent les mots du « Comte spirituel » * comme ils le nomment.

* Je me trouvais un mercredi à Tunis chez Sancy, nous déjeunions dans son jardin; arrive au milieu

L'eau est rare en Tunisie ; la Medjerdah ne débite qu'un volume d'eau très faible en été, qui nécessiterait pour son utilisation des travaux très dispendieux. A Djedeïda, sur les bords de cette rivière, M. Raymond Valensi, excellent ingénieur, homme d'initiative et connaissant bien le pays, a profité d'un barrage romain et de la chute d'eau de quatre mètres qui s'y trouve pour y établir une turbine qui fait marcher un grand moulin à blé, établi à la moderne par le même ingénieur.

A Sidi-Tabet, la Société colonisatrice a installé sur les bords de la Medjerdah une machine à vapeur locomobile de la

du repas un Monsieur fort bien mis, d'allures distinguées. La conversation s'engage, on parle peinture et voyages. Tout à coup, le visiteur prend un air grave et nous annonce qu'il est venu à Tunis pour établir les Pompes funèbres. Nous pâlîmes un peu, la transition était brusque : « Rassurez-vous, reprit-il, il y aura des premières classes. »

force de vingt-cinq chevaux qui élève 800 m. cubes d'eau par heure, au moyen d'une pompe centrifuge Dumont. Elle peut assurer l'irrigation continue de deux cents hectares. Actuellement cent hectares sont ensemencés en luzerne, orge et maïs. La graine de luzerne est originaire de Gabès, celle de France ne lève pas. Bien fumées et bien arrosées, les luzernes donnent jusqu'à dix coupes par année. Le maïs, le sorgho et le millet blanc donnent également de très forts rendements.

Bien arrosés, les oliviers donnent aussi des récoltes plus abondantes. Leur centre principal est à Sousse, qui exporte certaines années jusqu'à six millions de francs d'huile d'olive. Le Français y a apporté une meilleure taille, il en a greffé un grand nombre. Un industriel, M. Drai, a établi à Sousse un moulin à vapeur important pour la fabrication de l'huile. Les résidus (grignons) étaient autrefois donnés aux bestiaux; ils sont aujourd'hui traités par le sulfure de carbone qui en dissout l'huile contenue et qui, par distillation, donne encore un produit assez estimé dans le commerce.

Un autre arbre, pour lequel les irrigations sont indispensables, est le palmier qui demande, suivant le langage imagé des Arabes, à avoir les pieds dans l'eau et la tête dans le feu. Ces trois éléments, l'eau, un soleil ardent et le sable, sont nécessaires à la production des dattes. Ils se trouvent seuls réunis dans les oasis du Djerid tunisien où, à l'instigation de M. de Lesseps, le commandant Landas fait jaillir, avec la sonde, une nouvelle vie dans ce désert aride.

Chaque jour on y fore de nouveaux puits artésiens qui donnent des volumes d'eau considérables et permettent l'arrosage d'un grand nombre d'hectares plantés en palmiers-dattiers *.

La datte, aujourd'hui encore fruit de luxe, pourra bientôt être à la portée des bourses les plus modestes.

Le commandant Landas en rendant à l'oasis sa fertilité primitive justifiera l'ancienne description des auteurs anciens.

« Là, sous un palmier, très-élevé, dit
» Pline, croît un olivier, sous l'olivier un
» figuier, sous un figuier le grenadier,
» sous le grenadier la vigne; sous la

* « Pour le multiplier on prend ordinairement » des rejetons de vieux arbres, lesquels, s'ils sont » bien soignés, produisent du fruit au bout de » 6 ou 7 ans, au lieu que ceux qui viennent du » noyau, ne portent qu'à la seizième année.

« Le palmier rentre dans sa plus grande vigueur » trente ans après avoir été transplanté et il continue pendant 70 ans, portant chaque année » quinze ou vingt grappes de dattes dont chacune » pèse 15 ou 20 livres. Les palmiers tombent » avant 200 ans, ils demandent à être bien arrosés » tous les 4 ou 5 jours et à être taillés par le bas, » lorsque leurs branches commencent à baisser et » à vieillir. » *(Schaw.)*

» vigne on sème du blé, puis des légumes,
» puis des herbes potagères, tous dans la
» même année, tous s'élevant à l'ombre
» les uns des autres. »

Il y avait un jour à Genève un banquier, M. Favre, un archictecte, M. Rambert, et un pépiniériste, M. Inversin, qui en taillant des arbres, en dressant des plans, en escomptant les valeurs, ne pensaient qu'à un pays, la Tunisie, qu'à un texile, *la ramie*. Ils unirent leur bon vouloir et quittèrent bientôt serres, comptoirs et chantiers pour venir à Tunis étudier de plus près cette question et tâcher d'y établir cette nouvelle culture.

Le manque de capitaux les a empêchés jusqu'aujourd'hui de faire un essai sérieux, mais l'un d'eux a écrit à ce sujet une brochure des plus intéressantes où il résume parfaitement les avantages de la ramie *

* *La ramie*, par J. Fabre. (Imprimerie Borrel, Tunis, 1884.)

et où il montre la possibilité de cette plantation dans la Régence, le jour où l'on pourra disposer, vers le Kelbiah, par exemple, ou auprès d'une source importante, d'une vingtaine d'hectares à cet usage.

La ramie est un textile, originaire de la Malaisie, qui possède les avantages de la laine, sous le rapport de la longueur des fibres, ceux de la soie comme brillant, et il est plus facile à teindre que le coton, le lin et le chanvre.

La ramie présente une tige droite qui peut atteindre deux mètres et plus de hauteur; elle est creuse et moëlleuse au centre, lisse, verte avant sa maturité, rugueuse et brune quand elle y est parvenue; son écorce renferme une filasse des plus estimées, fine, blanchâtre, nacrée et douée d'une ténacité remarquable, trois fois supérieure à celle du chanvre. C'est une plante vivace qui produit 15 ans. Elle demande de l'eau deux fois par mois et des engrais. Elle peut donner jusqu'à quatre coupes annuelles.

De temps immémorial, la ramie a été cultivée pour sa fibre par les peuples de l'Extrême Orient. Les Chinois n'emploient pas d'autre matière pour la fabrication de leurs cordes et de leurs filets de pêche, à cause de la propriété qu'elle possède d'être incorruptible à l'eau et à l'humidité. Ils en font également leurs vêtements habituels, à cause de sa fraîcheur et enfin ils en fabriquent des étoffes, connues en Europe sous le nom de « Soieries de Canton » qui peuvent rivaliser avec la soie.

L'extraction de la fibre est délicate et difficile. Les Chinois, les Indiens, les Japonais, chez lesquels la main-d'œuvre est relativement insignifiante, extraient à la main les fibres de ramie.

Une nouvelle machine, la décortiqueuse, trouvée par des industriels français, MM. Labéré * et Berthet de Rouen,

* M. Rivière, directeur du jardin d'essai du Hamma d'Alger s'exprime en ces termes au sujet de la ramie :

« La culture de la ramie n'est possible, dans tout le bassin méditerranéen, que dans les plaines, les parties planes du littoral, les plateaux dont l'altitude n'est pas trop accentuée, partout enfin où le sol retient les eaux pluviales et en profite, où les irrigations sont faciles et au moins abondantes. Voici une moyenne de rendement en bonne culture : 500,000 tiges à l'hectare et par coupe, tel est le produit constaté ; effeuillées et désséchées elles représentent un poids de 7,000 kilogrammes de tiges sèches qui, traitées par la décortiqueuse Labéré, donnent une matière industrielle de 1,500 kilog. En lanières à 50 francs les 100 kilog, prix qui paraît s'établir, on a un revenu brut de 3,000 francs par hectare. En admettant 50 p.0/0 en frais et manipulations de toute nature, ce qui constituera t une exploitation des plus soignées et par cela même augmenterait les rendements, le bénéfice net serait encore de 1,500 francs pour les coupes réunies. Nos expériences faites sur une assez large échelle pour avoir de solides bases de rendement n'ont cependant aucun caractère anormal. Si l'on veut donner au sol et à la plante les mêmes préparations et les mêmes soins dont on entoure certaines cultures, c'est-à-dire si l'on choisit de bons sols, bien défoncés, si l'irrigation est constante et abondante, l'engrais suffisant et approprié aux déperditions du sol, engrais de ferme ou mieux de construction simple, pouvant être facilement démontée, n'exigeant le concours que de trois aides, opère avec rapidité ce travail difficile.

La ramie pourra servir à la confection des toiles à voiles, à la corderie, et affranchira ainsi la France du tribut considérable qu'elle paie au chanvre de Russie.

Enfin une culture qui n'exige pas d'irrigations, qui a un avenir illimité en Tunisie, qui a donné les meilleurs résultats dans un pays analogue, l'Algérie, est la vigne.

Il y a déjà près de 3,000 hectares de vignes plantés en Tunisie. Et l'activité de tous les colons s'est portée de ce côté, soit aux environs de Tunis, dans la plaine de

chimique, le binage à la main, etc., en un mot, si les travaux de plantation et d'entretien tiennent par la nature des soins méticuleux le milieu entre la grande culture et l'horticulture, on devra considérer alors, le climat aidant, les rendements précités comme des minima.

Mornak, soit dans la vallée de la Medjerdah à proximité du chemin de fer de Ghardimaou, soit sur la route de Sousse ou celle de Zaghouan.

Nobles, bourgeois, civils et anciens militaires, comme le colonel de Faucamberges, défrichent de vastes henchirs en Tunisie, défoncent et fondent de grands vignobles.

Des sociétés se sont formées à l'Oued Zargua et à l'Enfida pour le développement de la vigne.

Il y a certainement bien des essais à effectuer pour arriver à un parfait résultat comme plantation, comme adaptation du cep à la terre, comme choix de l'exposition et de l'altitude, comme construction des celliers, comme fabrication du vin ; mais les bénéfices sont si considérables qu'ils méritent bien tous ces efforts.

Cette culture est la plus rémunératrice ; si nous prenons quelques statistiques des résultats obtenus en Algérie, les produits moyens, d'après Th. Roller, sont de 40 à 100 hectolitres de vin par hectare, les prix de vente variant entre 20 et 50 francs l'hectolitre. Au minimum, un hectare de vigne en pleine valeur donne 400 francs nets par hectare; en beaucoup de points il donne 1.000 francs.

Les vignobles étant disséminés sur une grande superficie, les terres étant vierges, il est à croire que le phylloxera, qui n'existe pas encore en Tunisie, y produirait moins de ravages et y serait plus facilement combattu le jour où on y constaterait sa présence.

Depuis quelques mois, pour éviter l'entrée du fléau dans la Régence de Tunis, il est absolument interdit d'y importer des plants de l'étranger, voire même de l'Algérie. La Tunisie d'ailleurs, avec ses 3,000 hectares de vignes plantés en cépages très variés, se suffit largement à elle-même *.

Mais les frais de premier établissement sont considérables. On estime en Tunisie qu'un hectare de vigne revient à la troisième feuille à 1,300 francs, pour le défoncement, la plantation, l'achat des ceps et l'entretien pendant trois ans.

Dans ce chiffre n'est pas compris le coût de la location ou de l'acquisition des terres, qui varient dans la proportion de 1 à 5, suivant l'état des henchirs et la proximité des chemins de fer.

Les frais de construction des celliers et de la vaisselle vinaire, foudres, pressoirs, etc., s'élèvent à plus de 100,000 francs pour un vignoble de cent hectares.

Si l'on tient compte également des dépenses occasionnées par la maison d'habitation, l'achat des animaux, la cap-

* Les cépages les plus répandus en Tunisie sont: le Mourvèdre ou Morastel, l'Aramon, le Carignan, l'Alicante ou Grenache, le Picpoule, le Pedro Xérès, le Pineau et le Petit Boucher.

tation d'une source, les plantations d'arbres, etc., on voit qu'il faut disposer d'un assez fort capital pour pouvoir planter la vigne en Tunisie et rester quatre années sans en toucher les bénéfices.

Dans le cas contraire, si le colon ne dispose que de ressources faibles, il lui est alors avantageux, pour ne pas dire nécessaire, de recourir à de grandes exploitations, qui lui prêteront les terres plusieurs années sans lui demander d'argent, qui lui fourniront leurs celliers, lui éviteront ainsi des constructions ruineuses et le prémuniront enfin contre les écueils à éviter, le faisant profiter de leurs essais et de leur expérience.

XIII

LES INTÉRÊTS FRANÇAIS EN TUNISIE

Les débouchés qu'offre cette nouvelle colonie à la Métropole. — Avantages politiques de l'occupation de la Tunisie. — Utilité pour la France d'une Politique coloniale.

L'avenir agricole de la Tunisie repose sur l'union étroite du capital et du travail privé.

Cette union rendra à la Régence son antique splendeur, en permettant l'exploitation des mines de fer de Tabarca et des carrières de marbre de Schemtou, le développement des vignobles sur tout son territoire, une culture des céréales plus perfectionnée et les cultures intensives aux endroits favorables.

Sous peu d'années la Tunisie exportera en abondance des vins, des grains, des alfas, des huiles, des dattes et des minerais, Et à son tour, par l'augmentation de la population européenne, par les nouveaux besoins des indigènes plus riches et plus civilisés, la Tunisie demandera à la France des tissus à ses manufactures, des machines à ses industries, des denrées à son commerce; et il se fera un échange incessant entre la Métropole et sa nouvelle colonie.

Le travailleur ne fait pas défaut en Tunisie. Le fellah, sobre, peu payé, se forme rapidement et acclimaté au pays, connaissant instinctivement les exigences du sol, il donne, avec une tête pour le diriger, les meilleurs résultats.

Le Maltais, le Sicilien fournissent aussi un bon appoint de travail dans la culture plus avancée.

Ce qui a amené si rapidement la Régence à cette nouvelle période de vie et de prospérité, c'est qu'elle a trouvé auprès de la France, la justice, l'intelligence, le capital et cette qualité essentiellement française, l'esprit d'organisation.

La Tunisie est une bonne affaire, et bientôt elle sera une excellente affaire. Telle n'était pas l'opinion générale au début de l'expédition, et il est juste de rendre hommage à la tenacité intelligente dont M. Jules Ferry a fait preuve dans cette circonstance. Ses efforts courageux et son esprit de suite ont contribué dans une large mesure à l'heureuse issue de cette vaste entreprise.

La Tunisie produit une bonne impression sur tous les esprits impartiaux qui l'étudient en détails. C'est l'opinion qu'en ont rapportée les deux derniers voyageurs français dans la Régence, M. de

Lanessan, député de la Seine, spécialiste éminent pour les questions coloniales, M. Pascal, ancien conseiller d'État, qui était parti pour Tunis hostile au Protectorat et en est revenu avec des idées favorables qu'il défend par la plume et la parole.

Le Protectorat, qui est la forme de Gouvernement la plus favorable, est à conserver. Grâce au Protectorat, à Mohamed Es Sadok a succédé sans secousse, en 1883, son frère Ali, le Bey actuel, suivant le mode de succession en vigueur dans la Régence.

Les travaux publics sont à développer. L'établissement du port de Tunis est urgent. L'importance de la population de cette ville, les intérêts commerciaux et politiques de la capitale de la Régence, nécessitent au premier chef l'exécution de ce travail.

Il a été question de créer un chenal

dans le lac El Bahira, et de former ainsi un port intérieur, abrité, permettant aux vaisseaux d'arriver jusqu'aux douanes de Tunis. Mais l'on a reculé, avec juste raison, devant une solution dont les conséquences seraient désastreuses pour la salubrité de la ville. Les dragues agitant ces dépôts de vase, accumulés depuis des siècles dans le lac, en feraient sortir des miasmes délétères qui engendreraient les fièvres et les maladies épidémiques dans une cité aujourd'hui saine.

Selon toute probabilité le port se fera à la Goulette, rade aujourd'hui ouverte à tous les vents, où les débarquements sont difficiles; on y creusera un port profond, on y construira des jetées et des quais pour faciliter les transbordements par tous les temps et en toute saison. Et le chemin de fer actuel prolongé, s'il y a lieu, reliera Tunis à son port naturel.

Byzerte, trop éloignée de Tunis pour

lui servir de débouché, pourra devenir un excellent port militaire.

Enfin, la continuation du chemin de fer de Tunis à l'Hammam l'Enf, jusqu'à Sousse et Kairouan, sera fort avantageuse au développement de la vie agricole dans cette contrée ; cette nouvelle artère remplissant vis-à-vis de la riche Byzacène le rôle du chemin de fer de Ghardimaou pour la vallée de la Medjerdah.

L'établissement de nouvelles voies de communication, les travaux faits pour l'aménagement des eaux des sinières, amèneront une nouvelle production et donneront un nouvel aliment au commerce.

Enfin l'entrée en franchise à Marseille des produits tunisiens rendra le commerce de Tunis essentiellement français.

L'occupation de la Tunisie au point

de vue politique a présenté des avantages de premier ordre.

Elle a supprimé un voisin dangereux à l'Algérie, et a fait cesser là même, les incursions des pillards limitrophes.

El e nous a ouvert une porte de plus sur le Sahara, qui facilite le commerce de transit avec les oasis du désert et le Soudan.

Elle nous a donné 300 lieues de côte sur le continent africain, Byzerte et Carthage, le cap Bon qui, entre les mains d'une puissance rivale, aurait fermé le bras de mer qui sépare l'Afrique de la Sicile.

Elle nous a donné 12 millions d'hectares et 2 millions de sujets.

Pour se rendre un compte encore plus exact des avantages de cette nouvelle colonie, il faut examiner de plus haut la question de colonisation, et voir si la France doit s'agrandir ; si en même temps que la Russie annexe des territoires immenses, chaque année, et dirige de nouveaux peuples dans le Turkestan et dans la Perse, que l'Angleterre occupe l'Empire des Indes et l'Australie, que l'Allemagne cherche par tout le monde des débouchés à son commerce et des colonies pour ses émigrants, nous devons nous replier sur nous-mêmes, nous contenter de ce que nous possédons, attendant un siècle ou deux pour en constater les bons effets et les bons résultats.

A cette époque il est fort probable que tout le continent africain sera effectivement occupé ou dominé par les puissances européennes qui sont appelées a diriger l'Univers, et il sera trop tard pour agir et y porter remède.

Il faut qu'un peuple grandisse pour qu'il ne diminue point. Il faut qu'il augmente et sa population et son territoire, sous peine de s'amoindrir.

Il en est des pays comme des hommes, il est nécessaire que la vie éclate et se fasse jour au dehors pour qu'elle ne s'annihile pas au dedans en querelles intestines, en révolutions et en forces perdues.

C'était l'opinion de nos pères qui avaient occupé le Canada, les Indes, Saint-Domingue et Maurice. C'était l'opinion de Richelieu et de Colbert, d'Henri IV et de Louis XIV, et de tous les grands politiques qui voyaient de loin et de haut l'avenir de la France.

Un traité désastreux nous a enlevé les plus beaux joyaux de notre couronne coloniale. Mais il nous reste encore l'Afrique, et en particulier l'Afrique du Nord.

Notre rôle y est bien dessiné. Par sa proximité de la France, par les colonies que nous y possédons déjà, par la connaissance que nous y avons acquise des Musulmans qui l'habitent, et des ressources qu'elle présente, l'Afrique du Nord peut en grande partie nous dédommager de la perte des Indes.

Le bien qui y a été accompli par nos missionnaires, ces vaillants pionniers de la civilisation, les découvertes qui ont été faites par nos explorateurs, en sont l'indice.

Pour en citer un exemple entre mille, je rappellerai que les premiers Européens qui aient fait connaître Tombouctou, les oasis du Désert algérien, les oasis du désert marocain sont des Français : Caillé *, Duveyrier ** et de Foucauld ***.

* René Caillé fit un voyage de quatre années dans le Soudan et dans le Maroc. Sans fortune et sans protection, il partit en 1824, de Sierra Léone, alla jusqu'à Tombouctou et revint à Tanger par le Tafilet et Fez. Il est mort en 1838 à l'âge de 39 ans; il a laissé une description détaillée de son voyage intitulé : *Journal d'un voyage à Tombouctou et à Jenné.*

** Henry Duveyrier, l'éminent vice-président de la Société de Géographie, a parcouru le Sahara dans tous les sens, de 1859 à 1862, et en a donné la géographie générale. Il est entré le premier à Aïn Sala.

*** Le Vicomte Charles de Foucauld, l'explora-

Notre race généreuse, sympathique, douée d'initiative, plaît aux Africains, comme les Russes plaisent aux Musulmans asiatiques. Pour coloniser il ne faut pas un excès de population dans la Métropole ; il faut seulement des missionnaires zélés, des soldats courageux, des administrateurs habiles et des capi-

teur héroïque du Maroc, a passé plus d'une année au milieu des populations Berbères de l'Atlas, du Drah et du Tafilet, les rivières du désert marocain. Il a accompli ce voyage, déguisé en juif, et en a dressé l'itinéraire avec une précision scientifique. Son journal de voyage va paraître prochainement.

Petit, avec des apparences frêles, de Foucauld a l'âme pleine d'une énergie rare et l'esprit doué d'un naturel étonnant. Je le revoyais il y a un mois dans un salon ami et lui demandais quelques détails sur les dangers qu'il avait courus au Maroc. Il me répondit qu'il avait failli être brûlé cinq fois et me donna la raison de ce supplice. Quand un musulman tue un chrétien, il a un siège assuré au paradis de Mahomet. Si on le brûle, dans un rayon de dix lieues tous les habitants apportent leur petite bûche et contribuant ainsi à la mort d'un chrétien, vont en masse au paradis.

taux disponibles, qui, grâce à Dieu, ne font pas défaut en France.

J'ai essayé d'établir un parallèle entre la Tunisie où nous sommes et le Maroc * où nous ne sommes pas encore et la comparaison des situations actuelles de ces deux pays peut inspirer à notre race, un légitime orgueil.

Ce désir d'un développement français sur le continent africain à été éloquemment exprimé par Prévost-Paradol, par M. Leroy-Beaulieu qui, dans son ouvrage de la colonisation chez les peuples modernes, dit que : « la France deviendra une « grande puissance africaine, ou elle ne « sera dans un siècle ou deux qu'une puis- « sance secondaire » ; et par un soldat valeureux, Lamoricière, qui constatant nos succès en Algérie, prévoyant nos conquêtes futures en Tunisie, s'exprimait en

* Un Empire qui croule. Librairie Plon 1886.

ces termes: « La Providence qui nous des-
» tine à civiliser l'Afrique nous a donné
» la victoire. »

FIN

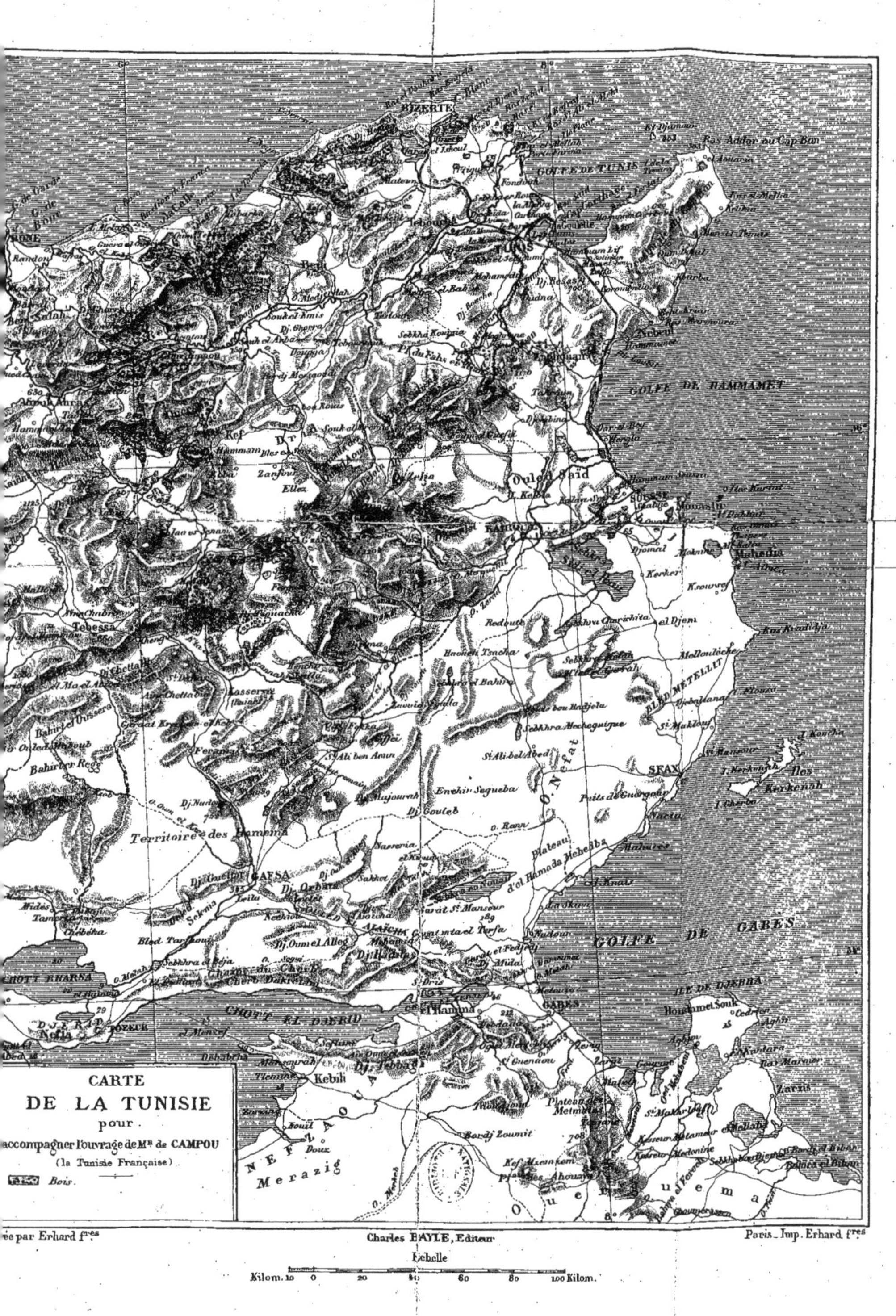

ée par Erhard fres

Charles BAYLE, Editeur

Paris _ Imp. Erhard fres

Echelle
Kilom. 10 0 20 40 60 80 100 Kilom.

TABLE DES MATIÈRES

FIN DE LA TABLE

Imp. Ch. BAYLE, 16, rue de l'Abbaye, Paris.

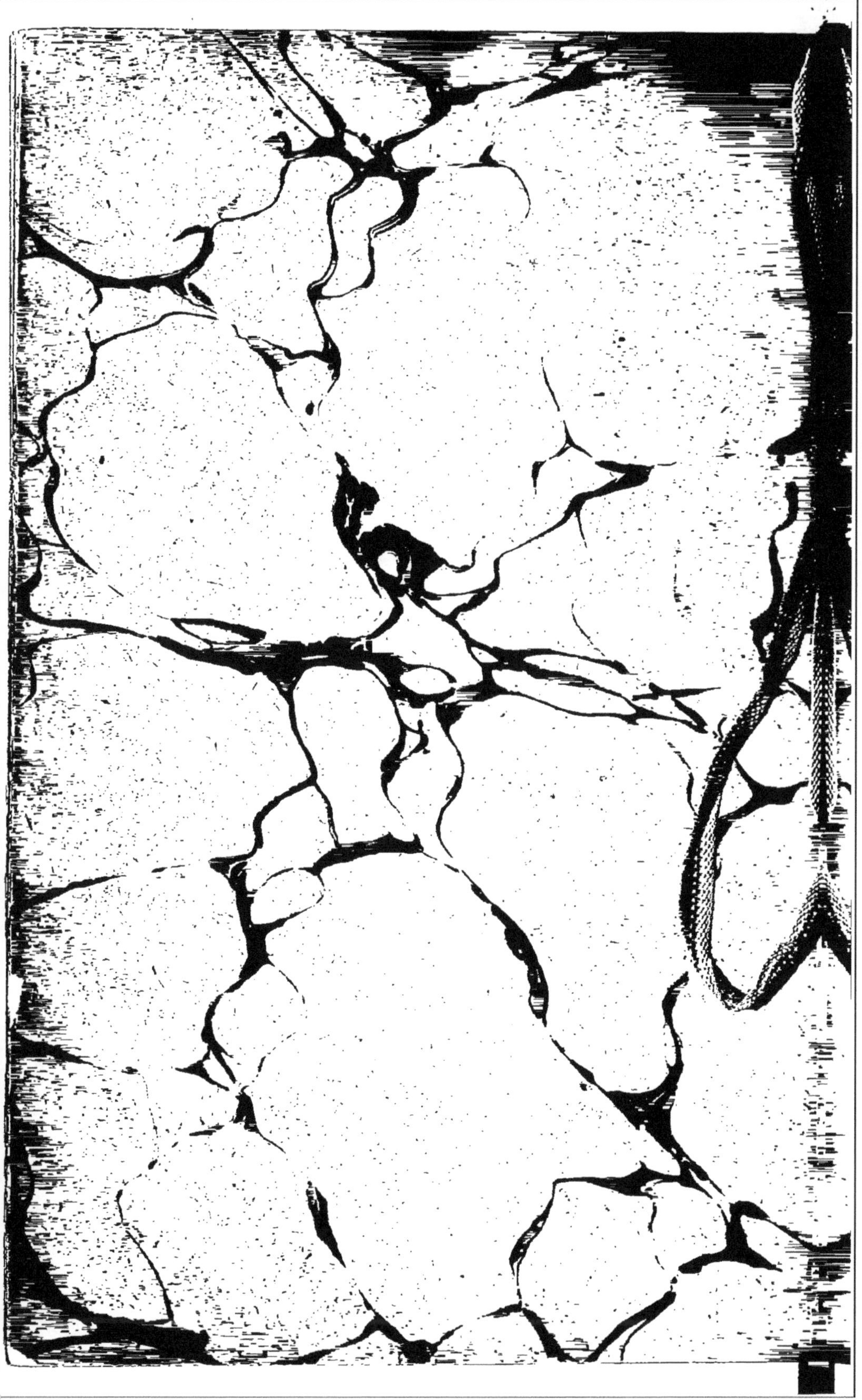

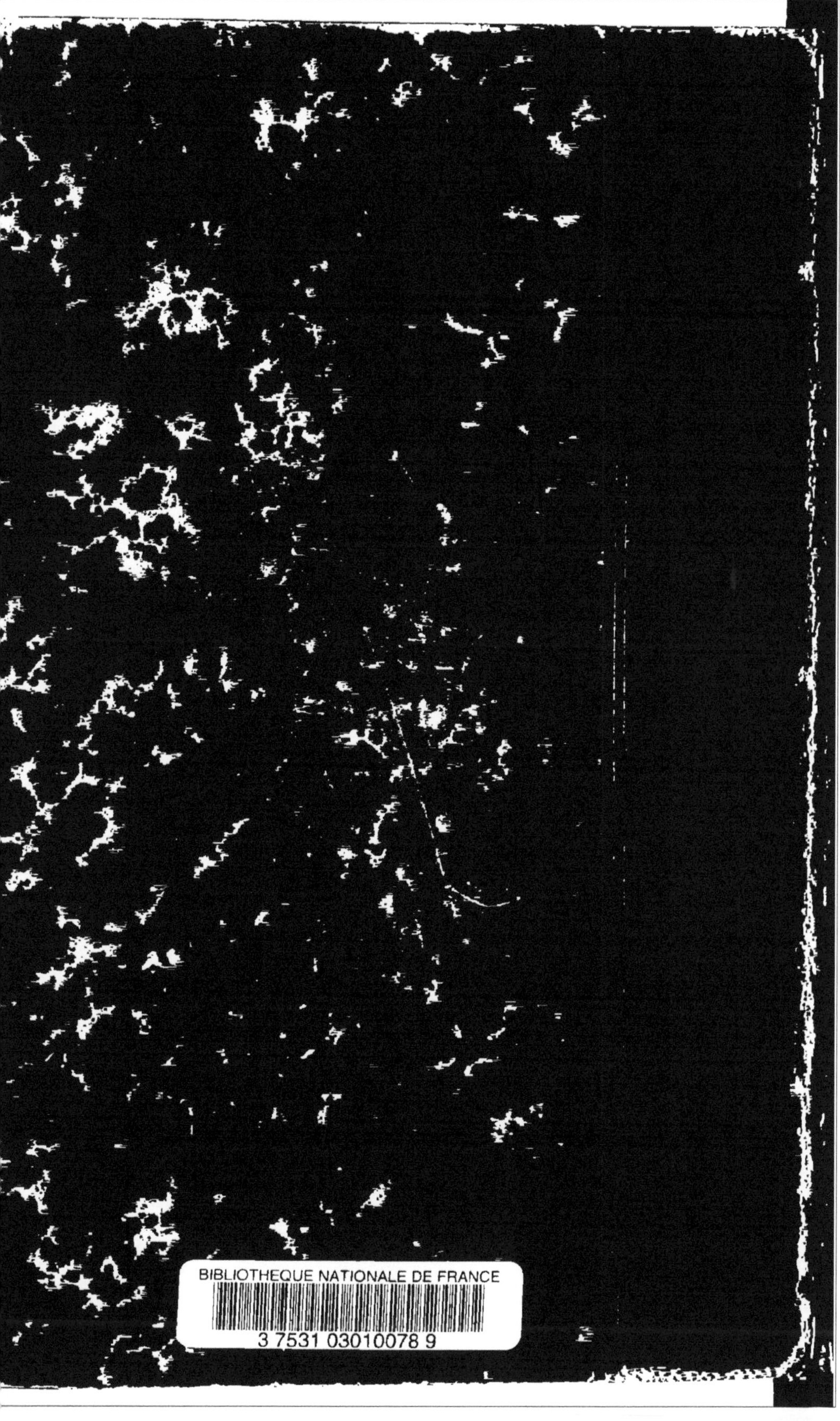

www.ingramcontent.com/pod-product-compliance
Ingram Content Group UK Ltd.
Pitfield, Milton Keynes, MK11 3LW, UK
UKHW012018240726
13965UKWH00002B/444